集郵達人來開課
帶你從鑑賞郵票品味世界

王華南／著

PREFACE

推薦序

　　一枚郵票，究竟能看出什麼名堂？道出什麼門路？我相信，王老師一定有本事，讓你隨便挑個主題、選枚票品、甚至只要提個小線索，他都可以即刻回應，再滔滔闡述個中原委。

　　我一度以為王老師一定有理工科的背景，因為他思考邏輯清晰，細節必究，為了找到合理的解答，他就是有辦法翻遍中外史料，還有可能實地踏查求證。到後來我才知道，原來王老師這些豐富的學養，其實都來自於三十多年來在集郵這條路上不斷的鑽研，他從小小方寸之門，走進了美麗的童話故事、神遊科幻小說、探索能源的開發、遊歷世界奇觀、直擊各國軍武裝備、再重回鐵達尼號沉船的歷史中⋯⋯。

　　有幸看到王老師終於將這些有意思的天文地理、萬象新知整理出來，透過他的穿針引線，大家也可以學著在郵票中，找到很多很多的解答。

國語日報社　企畫　曾寶玲

● ●

　　小小郵票學問大！集郵不僅可以陶冶性情，更可以探索學問，許多人把郵票當作珍貴的收藏品，你可知道郵票後面的故事嗎？

　　本書作者王華南老師，是位上知天文、下知地理的博學之士。「集郵達人來開課」一書中，王老師以他40多年豐富的集郵經驗，將如何集郵分成三個單元：認識郵票及集郵品、進入集郵樂趣的天地和展現集郵收藏品。除了引導集郵的入門，還介紹新知識和新觀念，你可以在書中看到「環境保護」、「動物保育」、「交通安全」、「能源」，甚至還有「世界遺產」、「新舊世界七大奇觀」、「科學幻想小說」以及「鐵達尼號」等熱門議題。讓我們不禁訝異，原來郵票中還藏著這麼多有趣的故事呀！

　　初識王華南先生，是在國小的教室裡，王老師已經在日新國小任教鄉土語言多年，還曾擔任日新國小及新生國小的集郵教室老師。孩子們除了跟王老師學習語文之外，總是目不轉睛的聽著王老師介紹文字演變、科學新知、各國歷史的故事，師生間的一問一答，是課室裡美好的流動。

　　王老師曾獲得國內外郵展大獎等肯定，目前仍在今日郵政、國語週刊撰寫有關郵票中的故事等專欄，現在集結成這一本彩色書冊，讓讀者細細品味一張張小郵票中的知識，享受一書在手，趣味無窮之樂！

日新國小教師　林小莊

自 序

　　筆者在2003年自金融界退休後，透過友人介紹到台北市新生國小擔任台語教師。新生國小在2008年舉行藝術季表演和展覽，作者受邀展出音樂家專題郵票，因而認識該校的音樂老師，筆者從這位老師得知臺灣郵政公司（如今已改名中華郵政）在7月開辦集郵教室師資班，於是報名參加受訓，接著得到新生國小輔導處主任和幾位老師的支持，就在當年9月新學期開辦兩班集郵教室，由筆者任教。負責集郵教室的主管單位是中華郵政的集郵處行銷科，該科經辦人員在開學後就寄了集郵資料和教材給授課老師，筆者收到後發現教材太簡單了，於是向經辦和科長建議重編，經過幾次溝通，科長同意由本人重編，過了半年完成初稿送交科長審查，無奈該位科長求好心切、在用字方面改了又改，本人儘量配合，於是進度一再延宕，又過了半年，不料科長換人，新上任的科長作風保守、不願重編，筆者的一年工等於白忙一場，只好等待他日有好機緣。

　　退休之後，除了在國小擔任鄉土語言教師，並利用閒暇寫作郵文，將三十多年所收集的郵品和累積得到的相關智識分享諸位讀者，承蒙國語週刊、國語日報主編的厚愛，大約在十年間發表過兩百多篇有關郵票中的故事文章，另外也出版過五本專題類的郵集書籍，其中「聽音樂家在郵票裡說故事」榮獲新聞局「最佳著作人獎」入圍，「世博與郵票」獲選為台北縣中小學「推薦優良」圖書、新聞局「推薦中小學優良」課外讀物。

　　筆者在國語週刊撰寫的文章都是適合國小、國中學生閱讀的故事並附相關郵票的解說，作者一直想把發表過的故事類郵文彙整後出版單行本。直到2012年仲夏，承蒙大兒子相助之好友介紹，筆者深感榮幸，認識了「秀威」出版部責任編輯——鄭伊庭小姐，經過評估後，再和責任編輯——劉璞先生、主任編輯——黃姣潔小姐做融洽溝通後、取得共識，決定先出版《愛上集郵的第一本書——從郵票看格林童話》，然後出版一系列有趣味性的知識叢書，因為書中的附圖大都取自郵票，黃小姐認為作者以前編寫的《集郵入門》可以讓讀者了解「如何集郵」以及「集郵的樂趣」，於是確定擴充圖文，並由大兒子相勛畫了「如何處理貼在郵件的郵票」的插圖，終於在2012年底完全定稿。本書經文編、美編人員精心設計安排，終能成書付梓，筆者在此謹向所有參與諸位致最誠摯謝意。

PREFACE

　　本書主要分成三個單元，第一：認識郵票及集郵品、第二：進入集郵樂趣的天地、第三：展現集郵收藏品。除了引導集郵的入門，還介紹新知識和新觀念，如「環境保護」、「動物保育」、「交通安全」、「能源」、「世界遺產」、「新舊世界七大奇觀」、「科學幻想小說」等熱門議題。筆者誠心盼望諸位讀者從欣賞精美的郵票圖案和背景故事更能體會到集郵的樂趣，再度感謝大家的支持和愛顧。

王華南　於2013年4月1日

CHAPTER 1

認識郵票及集郵品 08

CHAPTER 2

進入集郵樂趣的天地　　90

STAMP
COLLECTING

CHAPTER *1*

認識郵票及集郵品

CHAPTER 1-1
花花綠綠的郵票

1 甚麼是郵票？郵票是具有預付郵資效力的貼紙，通常由各國或地區郵政局發行，所以郵票上會印發行國家、地區的名稱或代表圖案（如英國印君主肖像）。

2 甚麼是面值？郵票上面所表示郵資的價值。

· 2001年發行的聖誕節專題郵票，面值34分，穿黃衣的聖誕老人抱著各種聖誕禮物；穿青衣的聖誕老人抱著各種聖誕禮物。

芳美是國小三年級的學生，有一天放學回家，看到客廳的茶几上有一封信，上面寫著英文，尤其是信封上有一張漂亮的小貼紙，感到十分好奇，就問媽媽：「這封信是哪裡來的？」媽媽說：「這封信是阿姨從美國寄來的，裡面是聖誕卡。」芳美又問：「信封上怎麼會貼著一張小貼紙呢？」媽媽指著小貼紙說：「這張小貼紙叫做郵票，從美國寄信到台灣當然要付費用，信封上貼郵票就表示預付寄郵件所需的費用。」芳美再問：「郵票的左上角印『34』和『USA』是甚麼意思？」媽媽說：

· 1987年發行的普通常用票，面值22分，美國國旗、上面有黃色和橙色煙火。

· 1991年發行一款普通常用票，面值19分，在空中飄行的汽球。

· 1994年發行一款「愛」（LOVE）專題郵票，面值29分，紅色玫瑰花組成象徵「愛」的心型、中間有一隻白鴿象徵純潔。

· 2001年發行一套普通常用票，其中三款面值34分是普通信的基本郵資，位於紐約的最著名地標——自由女神像、蘋果、柑橘。

「『34』是美元的34分，表示可以當做34分的郵資，也就是阿姨在美國的郵局買這一張郵票必須付34分。『USA』是美國國名的簡寫，表示這一張郵票是美國發行的。」芳美聽了以後，覺得很有意思，就對媽媽說：「原來一張小小的郵票竟然還印著它的賣價和國家的名稱。」這時候媽媽從信封裏倒出一些郵票，對芳美說：「這是阿姨送給你的。」芳美看了花花綠綠的郵票，很高興地說：「謝謝阿姨！我要好好地收藏起來。」讓我們來欣賞阿姨送給芳美的美國郵票吧！●

‧ 2001年發行的航空郵寄郵票，
面值80分（左旁印銀色噴射機
圖案），美國阿拉斯加州的麥
金利山（Mount McKinley,
Alaska），是北美洲的第一高
峰，高6,194公尺。

‧ 2002年7月30日發行
13.65美元的高面額郵
票，圖案主題是美國國
會議事堂的圓頂建築。

‧ 2002年2月5日發行一款生日快
樂郵票，面值34分，圖案以綠、
青、藍、紫、紅、橙、黃等連續
七彩印「HAPPY BIRTHDAY」
（即生日快樂之意）。

‧ 2002年8月15日發行絨布做的泰迪玩具熊（Teddy
Bears）百周年紀念郵票，面值37分，（左）1907年製
作、（右）1920年製作。

‧ 2003年1月15日發行的恭賀新
年（HAPPY NEW YEAR！）
郵票，面值37分，圖案左邊印
「羊年」漢字、主題是剪紙圖形
的羊。

為紀念在台北舉行的2005年（民國94年）第18屆亞洲國際郵展，中華郵政特別規劃發行以台灣特色為主題的系列小全張八款——

・選自2005年8月23日發行的美食台灣小全張位於下方的面值25元郵票、圖案主題是紅龜粿和草粿。

・選自2005年8月21日發行的花果台灣小全張位於下方的面值5元郵票、圖案主題是杜鵑花。

・民國91年2月8日發行一組常用郵票，以水果為主題，其中面值32元的主題是百香果。

・民國92年2月14日發行一組常用郵票，以水果為主題，其中面值15元的主題是檸檬、面值34元的主題是椰子。

・民國96年1月10日發行一組常用郵票共四款，以蘭花為主題，面值3.50元的主題是鶴頂蘭、面值5元的主題是綬草、面值12元的主題是萬代蘭、面值25元的主題是嘉德麗雅蘭。

CHAPTER 1-2
現代郵票的發明

1. 提出現代郵票的構想者是英國的「羅蘭‧希爾」。
2. 第一個發行現代郵票的國家是英國。
3. 第一款現代郵票在1840年5月1日正式發行。
4. 第一款現代郵票的面值是1便士。

在現代郵票發明以前，英國的郵政是採取郵差向收件人收取郵費的方式。據說有一位長得很漂亮的小姐經常收到男士向她請求約會的情書，起初覺得很好玩，就付了郵費將信收下來，後來她感到十分厭煩，於是拒絕收信，郵差只好將信帶回來交給寄信人，接連發生很多次，局長就向郵務總長報告這種收不到郵資又浪費郵差往返時間的嚴重情況。郵務總長決定改為由寄信人先付郵資的方式，並且公開徵求解決的辦法。最後採納由「羅蘭‧希爾」老師提出的改革方案，凡是寄到英國本土所有地區的郵件採單一費率，每0.5英兩重量的信收1便士，由寄件人先購買郵票貼在信封上，最初款式的郵票面值是1便士，由「羅蘭‧希爾」設計，圖案選用當時英國的女王——維多利亞肖像，因為用黑色印刷，所以稱為「黑便士」（Penny Black），在1840年5月1日正式發行。

1970年9月18日英國為紀念在倫敦舉辦的國際郵展，發行一組郵票共三款。

· 面值5便士的圖案就是複印全世界第一款郵票——「黑便士」，該枚郵票的左、右下角各印「P」、「L」，因為「P」是英文的第16個字母、「L」是英文的第12個字母，而當時「黑便士」的整個版張有20排、每排有12枚，所以「P」、「L」就是表示位於整個版張中第16排的最右一枚（第12枚）。

· 面值9便士的圖案複印1847年發行的郵票、面值1西令。

· 面值1西令6便士的圖案複印1855年發行的郵票、面值4便士。

· 1979年8月22日英國為紀念「羅蘭·希爾」去世一百周年，發行一套郵票，其中面值10便士的圖案是「羅蘭·希爾」、面值15便士的圖案是「1840年實施單一郵資後，媽媽帶女兒去郵局寄信的情景」。由於「羅蘭·希爾」一生為改革和發展郵政作出重大貢獻，被讚譽為「近代郵政之父」。1846年被任命為英國郵務大臣（Secretary to the Postmaster General），1860年被封為上級爵士，1879年被贈予倫敦市榮譽市民，同年在倫敦逝世，享年85歲。

· 位於大西洋、英國所屬的升天島（ASCENSION）為紀念「羅蘭·希爾」去世一百周年，在1979年12月17日發行一套郵票，其中面值50便士的圖案是「羅蘭·希爾」肖像。

由於當初的郵票只用於英國國內，所以並沒有印英國的國名，接著英國的海外屬地也發行郵票，為了區別起見，於是在郵票上印屬地的名稱。後來其他國家陸續發行郵票，都印上國名。直到現今，英國發行的郵票都未印國名，只印發行當時在位君王的頭像。●

位於加勒比海的聖路西亞（Saint Lucia）為紀念「羅蘭‧希爾」去世一百周年，在1979年12月27日發行一組郵票共四款，圖案主題分別如下：

‧面值10分：「介紹便士郵政的告示」

‧面值50分：「黑便士郵票最初的素描草圖」

‧面值2元：「聖路西亞的第一款紅便士郵票」（郵票上末標示面值，但售價是1便士）

‧面值2.50元：「英國的第一款黑便士郵票」

注：當時1便士的購買力價值，如果以現今台灣寄普通信件（即俗稱的平信）的基本
郵資是新台幣5元做對應比較，因為當時英國的貨幣單位是240便士等於1英鎊，以5元
乘240，所以當時1英鎊的購買力價值相當於現今的新台幣1200元。

· 加拿大（CANADA）在1859年發行的常用郵票，面值一分錢
  （ONE CENT），維多利亞女王側面像。

· 位於加勒比海的聖文森（ST. VINCENT）在1871年發行的常用
  郵票，面值一便士（ONE PENNY），維多利亞女王側面像。

· 在1877年發行的常用郵票，面值六便士（SIX PENCE），維多
  利亞女王側面像。

· 英國在1900年發行可兼用為印花稅票的郵票（POSTAGE &
  REVENUE），面值半便士（ONE HALFPENNY），維多利亞女
  王側面像。

CHAPTER 1-3
郵票的分類之一
（依外觀）

1 未使用郵票和使用過的郵票
2 無齒郵票和有齒郵票
3 無背膠郵票和有背膠郵票

1. 郵票依使用情形區分，分為未使用郵票和使用過的郵票

未使用郵票通常是指沒有銷蓋郵戳的郵票，在國內集郵界通稱為「新票」（英文稱為mint或是unused）。「mint」在英文原本指剛從造幣廠鑄造出來的嶄新貨幣，現代郵票問世以後，集郵界就借用「mint」來表示和新發行時一樣、外表如新、完整無瑕疵而未使用的郵票，後來將「未銷蓋郵戳的郵票」稱為「unused」。

・日本在1956年5月5日發行一款「世界兒童之日制定紀念」郵票，面值5日圓，圖案主題是日本的男童和女童，左邊是飄揚的鯉魚風袋（寓意鯉魚躍龍門、望子成龍）。此款未使用過的郵票發行日期至今已經超過五十幾年，但仍然被稱為新票。

注：5月5日是日本的男童節，女童節是在3月3日。

· 民國96年11月03日發行臺灣鳥類常用郵票第1輯，共4款，其中面值25元的圖案主題是黃尾鴝，戳片上蓋著新竹復中里的實寄掛號郵戳。

· 日本在1998年2月16日發行的普通郵票，面值120日圓，圖案主題是百舌鳥，戳片上蓋著寄到外國郵件的英文郵戳，郵戳內由上至下刻印「SHIBA TOKYO」、「10.X. 09」、「JAPAN」就是「芝局·東京」、「2009年10月10日」、「日本」。

郵務人員在郵票上面蓋郵戳，則表示失去郵資效力，這種被稱為使用過的郵票，國內集郵界通稱為「舊票」（英文稱為used）。

「蓋過郵戳的郵票」又分為「郵寄蓋戳郵票」和「非郵寄蓋戳郵票」。

「非郵寄蓋戳郵票」又稱為「指定銷戳郵票」，在英文有個專有名詞稱為「Cancelled-to-order stamps」簡稱為「CTO」。國內集郵界將「指定銷戳郵票」俗稱為「銷印票」，將「郵寄蓋戳郵票」俗稱為「實寄舊票」。其實「非郵寄蓋戳郵票」最初是因應集郵人士而產生，在歐美各國有不少集郵人士堅持傳統觀念只集「蓋過郵戳的郵票」，因為「新發行的郵票」要集未使用的全套容易，正常情況只要在郵局集郵窗口就可以買得到，但是「新發行的郵票」要在一、兩個月集全「郵寄蓋戳的」確實不容易，於是集「蓋戳票」的郵迷就在集郵窗口請經辦人員在「新發行的未

使用郵票」上蓋發行首日郵戳或一般郵戳，此種完全因應集郵人
士所需、並未用於實際郵寄的蓋戳郵票，稱為按照集郵人士所指
定的銷戳郵票，就是英文所稱的「Cancelled-to-order stamps」。

瑞士（正式國名HELVETIA赫維提亞）在1986年11月25日發行一組贊助青少年（PRO
JUVENTUTE）基金的附捐郵票，圖案主題是小朋友喜愛的玩具。

・面值「35＋15」分：絨布製作的泰迪熊寶寶。

・面值「50＋20」分：彩色陀螺。

・面值「80＋40」分：蒸汽動力式的壓路滾輪機。

・面值「90＋40」分：賽璐珞製的洋娃娃。

每一枚郵票的左下蓋著非常清晰、位置一致的發行首日郵戳，這是瑞士的首都——伯
恩（BERN）郵局蓋的指定銷戳郵票。

2. 郵票依有無印打齒孔區分，分為無齒郵票和有齒郵票

郵票的周邊有凹凸相連的半圓形孔，國內集郵界將它稱為「齒孔」，其目的就是方便將全張中的郵票撕開。當1840年出現的世界第一款郵票和一些最早期的郵票並沒有印打齒孔，賣郵票的郵務員必須拿剪刀將全張中的郵票剪開來，非常費時又麻煩，如果稍不注意，郵票的周邊就被剪歪了。亨利‧阿契爾（Henry Archer，生於1799–1863去世，愛爾蘭人）發明了郵票打孔機，在1848年獲得專利，1853年將專利賣給英國郵政當局，英國在1854年才發行世界第一款的有齒孔郵票，接著其他國家或屬地的郵局就陸續發行有齒孔的郵票。

· 英國在1841年2月10日發行的第三款郵票是無齒郵票，面值一便士。
· 英國在1857年發行的第十款郵票是有齒郵票，面值一便士。

· 日本在1946年發行第一次新昭和（天皇年號）普通郵票，當時正值第二次世界大戰結束，日本是戰敗國，物資缺乏，所以郵票的印製很節儉，將打齒孔的過程都省下來，因此戰後發行的第一次普通郵票都是無齒郵票並且是無背膠郵票。面值壹圓（EN）的圖案主題是富士山，面值五圓（EN）的圖案主題是金魚。

近年來有些國家和地區為了防止偽造或增加趣味性、吸引集郵者購買，設計特殊形狀的齒孔，例如在有齒郵票的左、右排圓形齒孔中插入一個弧形齒孔，在小全張當中有齒郵票的四個角打上五角星形的孔。

· 香港在2006年發行以鳥類為圖案的常用普通郵票，齒郵票的左、右排圓形齒孔中插入一個弧形齒孔，面值2港圓的圖案主題是「小白鷺」，面值10港圓的圖案主題是「白鶺鴒」，更妙的是在面值「$」的中間打直條孔、「1」的外圍和「0」的內外圈也打上細小的齒孔。

· 民國45年4月4日發行第
  25屆兒童節紀念郵票,肆
  角、壹圓陸角、貳圓,由
  中央印刷廠承印,郵票的
  背面沒有刷膠。

3.　郵票依有無背膠區分,分為無背膠郵票和有背膠郵票

印製郵票的最後一個流程是打齒孔,而前一個就是在郵票的背面刷上黏膠,集郵術語簡稱為「背膠」,其目的是為了方便寄郵件的人將郵票貼在郵件上,只要在背膠沾上口水或清水後,就可以將郵票貼在郵件上。世界第一款郵票——黑便士印製時就已經有了背膠。無背膠郵票簡稱無膠票,有背膠郵票簡稱有膠票。

民國31年至56年之間在國內印製的郵票大都沒有刷背膠,這類郵票被稱為「無原背膠郵票」,簡稱為「無原膠票」。●

CHAPTER 1-4
郵票的分類之二
（依發行目的和使用性質）

依發行目的和使用性質，介紹較常見的五大類：
❶ 普通或常用郵票 ❷ 紀念郵票 ❸ 航空郵票 ❹ 特種郵票
❺ 慈善或附捐郵票

1. 普通郵票或常用郵票

作為貼用一般普通郵件的郵票，並不是為特殊郵務或目的而發行，所以稱為普通郵票，對一般寄件者來說是經常貼用的郵票，所以又稱為常用郵票。它的特色是包含一系列由低至高的各種面值，發行數量較大，使用時間較長，如果某種面值郵票已經賣完了，可以再添印。

在日本則稱為「普通切手」，通常配合基本郵資（郵寄至日本國內信件的最起碼郵資）調整時發行新面值普通郵票。

我國之普通郵票

· 民國98年3月12日發行一組常用郵票共四款,面值3.50元:馬纓丹(別名五色繡球)、面值5元:月橘(又稱七里香)、面值12元:黃金風鈴木(別稱黃花風鈴木)、面值25元:洛神葵(別稱洛神花)。

日本之普通郵票

· (左圖)在1961年4月1日發行,面值10日圓(配合基本郵資為10日圓),圖案是「染井吉野(ソメイヨシノ/SOMEIYOSHINO)櫻」。

· (右圖)在1961年4月25日發行,面值及圖案和左圖相同,而差別之處在於左右兩邊沒有打齒孔(日語稱為目打),此種郵票英語稱為「Coil stamp」,台灣稱為「捲筒郵票」,因為將相同的郵票在長紙條上連續印了一千枚,然後捲起來裝入郵票自動販賣機內的捲筒上而得名,當購買者在投幣口投入10日圓時,等一會兒就會從出票口吐出一枚郵票,如果投入20日圓時則吐出兩枚相連的郵票,依此類推,所以只需要在上下邊打齒孔,方便機器自動切離,由於當時郵票自動販賣機並不普遍,只設在大都會的主要郵局(日語稱為中央郵便局),所以僅印了四百六十萬枚,而大多數被貼在郵件上銷蓋郵戳,據當今日本郵票目錄標價:未使用又完好者的捲筒版參考價格是1000日圓,而普通版的參考價格是70日圓,兩者價格相差約14倍多。

· 在1965年8月20日發行,面值70日圓、圖案是「能劇的面具」(日語稱為能面)。

· 在1965年12月1日發行,面值80日圓、圖案是「山鳥(ヤマドリYAMADORI)」。

· 在1967年5月1日發行
（基本郵資調升為15日
圓），面值20日圓、圖
案是「藤（フジHUJI）
花」。因花多呈紫色，
所以又稱為多花紫藤。

· 在1967年5月15日發
行（基本郵資為15日
圓），面值45日圓、圖
案是「水芭蕉（ミズバシ
ョウ MIZUBASHO生長
於濕地）花」。

· 在1967年7月1日發
行（基本郵資為15日
圓），面值15日圓、圖
案是「菊（キクKIKU）
花」。

· 在1967年7月1日發
行（基本郵資為15日
圓），面值50日圓、圖
案是「彌勒菩薩像」。
日本國寶指定官方報告
則稱為「木造菩薩半跏
像」，像高132.0公分
（除了左腳的坐姿高度
87.0公分），現今珍藏
於奈良縣生駒郡斑鳩町
的中宮寺。

· 在1967年7月20日發行，面值65日圓、圖案
是「埴輪之陶馬（はにわの馬HANIWANO-
UMA）」，在埼玉縣熊谷市上中条（かみちゅう
じょう）出土（現今珍藏於東京國立博物館）。埴
輪是指日本古墳頂部和墳丘四周排列的素陶器的
總稱，分為圓筒形埴輪和形象埴輪。形象埴輪有
屋形埴輪、器物埴輪、動物埴輪和人物埴輪，起
源自3世紀後半，盛行於5世紀以後。6世紀後半
期至7世紀，再也看不到埴輪，成為日本古墳文
化消亡的先兆。

注：面值20日圓、圖案是「藤（フジHUJI）
花」的郵票1969年版和1967年版的圖案、印刷
顏色、面值完全相同，兩者的辨別處在圖案中
上的藤枝，1967年版的藤枝連到上邊線，1969
年版的藤枝和上邊線稍有分離，此種透過細微
觀察來辨別兩版之極小差異，可謂集郵趣味樂
在其中矣。

· 在1967年8月1日
發行（基本郵資為
15日圓），面值7
日圓、圖案是「金
魚」。

· 在1969年4月1日
發行（基本郵資為
15日圓），面值
20日圓、圖案是
「藤（フジHUJI）
花」。

‧在1969年9月1日
發行（基本郵資
為15日圓），面
值55日圓、圖案
是「毬藻（マリモ
MARIMO 生長於
湖沼的淡水性綠
藻）」。

‧在1972年1月21
日發行（基本郵
資調升為20日
圓），面值20日
圓，圖案是「二
條城之松（マツ
MATSU）」。

‧在1972年4月10日
發行（基本郵資為20
日圓），面值120日
圓、圖案是「迦陵頻伽
（KARYOBINGAかりょう
びんが，kalavinka之音
譯）像」。

注：上半身是人形、下半身是鳥形之佛教想像生
物，因其發出的聲音美妙，所以又有「妙音鳥」、
「好聲鳥」、「逸音鳥」、「妙聲鳥」之雅稱。

注：二條城位於日本京都府京都市中京區二
條城町的城堡，建設於江戶時代初期（1603
年），曾經是德川家康的寓所。

‧在1972年6月10日發
行（基本郵資為20日
圓），面值200日圓、
圖案是「吹笛之音聲
菩薩（おんじょうぼさつ
ONJŌBOSATSU）像」。

‧在1972年2月1日發
行（基本郵資為20日
圓），面值10日圓、圖
案是「日本鹿（ニホン
ジカNIHONJIKA）」。

‧在1972年1月21日
發行（基本郵資為20
日圓），面值25日
圓、圖案是「アジサイ
AJISAI」。

注：アジサイ我國稱為繡球花，又名紫陽花。

‧在1972年2月1日發
行（基本郵資為20日
圓）的捲筒郵票，面
值20日圓、圖案是
「二條城之松（マツ
MATSU）」。

德國之普通郵票

德意志聯邦郵政（DEUTSCHE BUNDESPOST）在1975至1976年間陸續發行一系列的普通常用郵票，該系列的圖案主題採用德國的科技成就，科技產品的德文名稱印在圖案的左下邊。

1975年5月15日發行三款：

· 面值40分尼（Pfennig）、主題：「太空梭」（WELTRAUMLABOR）。

· 面值50分尼、主題：「雷達站」（ERDEFUNKSTELLE）。

· 面值100分尼、主題：「褐媒挖掘機」（BRAUNKOHLENFÖRDERBAGGER）。

1975年8月14日發行三款：

· 面值10分尼、主題：「ET420/421型電動連結旅客列車」（NAHVERKEHRS-TRIEBZUG）。

· 面值30分尼、主題：「救援直升機」（RETTUNGS-HUBSCHRAUBER）。

· 面值70分尼、主題：「造船」（SCHIFFBAU）。

· 面值80分尼、主題：「牽引機」（TRAKTOR）和面值120分尼、主題：「化學工廠（CHEMIEANLAGE）的配管設施」兩款在1975年10月15日發行。

· 面值200分尼、主題：「海上鑽勘石油平台」（BOHRINSEL）在1975年11月14日發行。

· 面值20分尼、主題：老威塞（Alte Weser）「燈塔」（LEUCHTTURM）在1976年2月17日發行。

注：該燈塔位於通往北海的威塞河口，在1961年至1964年間興建，燈塔在海平面之上高度約40公尺。

2. 紀念郵票

當初發行郵票的目的純粹是為了預付郵資而貼用在郵件上，後來利用發行郵票來紀念重要的人物或特殊重大事件。郵票的圖案和發行目的相關，並且印有和發行目的相關的紀念文句。

日本在1947年5月3日發行一組「日本國憲法施行記念」郵票：

· 面值50錢：母親抱著小孩，左下方是日本國會議事堂、並印「昭和二十二年五月」。

· 面值1.00圓：五月的花束（表示慶賀之意）。

注：在當時盟軍最高指揮官──麥克阿瑟元帥的授意下，戰後日本的女性（20歲以上）才享有參政權。

· 日本在1958年3月9日發行一款關門隧道開通紀念（關門トンネル開通記念）郵票，面值10日圓，圖案顯示隧道分為兩層：上層供動力車輛通行、下層供行人和腳踏車通行。關門隧道是連結「山口縣下關市」和「福岡縣北九州市門司區」的海底隧道，車道和人行道的最低部在關門海峽的海面下56公尺、58公尺，隧道的車道全長3461公尺（其中海底部分780公尺）。

日本在1994年9月2日發行一組「關西國際機場啓用紀念」（日文：関西国際空港開港記念）郵票，含兩款。

· 面值80日圓，圖案是從上空俯視位於海面上的關西國際機場、在上空飛行的波音747型噴射客機。

· 上下兩枚相連，面值皆為80日圓，上聯圖案是從上空俯視位於海面上的關西國際機場，下聯圖案是波音747型噴射客機的尾部、客機的直尾翅上印一面日本國旗和關西國際機場的「國際空運協會機場代號」（International Air Transport Association Airport Code）「KIX」。

關西國際機場是日本第二大國際機場，位於大阪灣東南部的泉州近海離岸5公里的人工島（填海造地）上。距離大阪市約38公里，距離大阪市中心只需1小時的鐵路車程。機場於1987年動工興建，於1994年9月4日完工正式啓用。

注：本組郵票上加印「みぼん」，即漢字之「見本」、通「樣張」之意，集郵名詞稱為「樣票」。「樣票」是在郵票印妥經檢驗無誤後，由印刷廠依郵政主管單位之需求數量加印「みぼん」，交付行銷主管單位點收，再由行銷主管單位在該組郵票正式發行之前寄送各郵局放在展示窗口處或國外代理郵商作為宣傳之用，此類郵票不可做為郵資貼用、也不對外發行，由於數量相當有限、一般人不易取得，因此成為不少郵迷夢寐以求之集郵珍品，通常是國外代理郵商過了一段較長的期間（可能是十年以上）會從展示框卸下幾年度的「樣票」，再透過郵品拍賣會拍出，所以「樣票」一出現就成為郵迷競標的熱門對象。

· 美國（UNITED STATES）在1946年8月10日發行一款史密索尼安學會成立一百週年（1846·SMITHSONIAN INSTITUTION·1946）紀念郵票，面值3分，圖案主題是位於首都華盛頓的正面圖、上方印該機構的成立宗旨「FOR THE INCREASE AND DIFFUSION OF KNOWLEDGE AMONG MEN」（為增進和傳播人類之間的知識）。

英國科學家詹姆斯·史密森（James Smithson）雖然本人一生並未到訪美國，但在1828年逝世時，把他價值50.8萬美元的財產遺贈給美國政府，其宗旨在建立一個增進和傳播人類知識的學會。美國政府於1838年得到了他的財產，1846年根據美國國會通過的法案在美國首都華盛頓成立了「史密索尼安學會」。

約瑟夫·亨利（Joseph Henry）於1846年出任史密森學會的第一任會長。董事會由美國最高法院首席大法官、副總統、3名參議員、3名眾議員和6名非官方人士組成。該機構設有多間博物館，其中最有名的就是位於華盛頓市中心的「國家航空和太空博物館」（National Air and Space Museum），是世界上收藏航空太空器材設備等最多的展示館。

· 美國在1977年10月7日發行一款美國建國兩百週年紀念（US Bicentennial）系列專題郵票，面值13分，圖案選用「特倫布爾」（John Trumbull）所繪的1777年10月17日英軍在紐約州的沙拉拖加投降圖（Surrender at Saratoga），圖中是美國大陸軍（Continental Army）的蓋茲（Horatio Gates穿著深藍色軍服）少將接受英國的布勾因（John Burgoyne穿著紅色軍服）中將的投降。原畫在1821年完成，現今掛在美國國會議事堂的圓頂大廳（Rotunda）。

· 美國（USA）在2001年3月
22日發行一款諾貝爾獎（The
Nobel Prize 1901–2001）創
立一百週年紀念郵票，面值34
分，圖案是諾貝爾（ALFRED
NOBEL）肖像和諾貝爾獎章。
諾貝爾生於1833年10月21日
—1896年12月10日去世，瑞典
著名的化學家、炸藥發明者，
象徵最高榮譽的諾貝爾獎即根
據他的遺囑設立，以表彰在物
理、化學、文學、經濟、和
平、生理或醫學領域對社會做
出卓越貢獻或有傑出研究、實
驗發明以及致力於推動世界和
平的人士。

桃園國際機場為我國重大工程建設之一，第1期工程自民
國63年9月動工，於67年12月底完成。機場位於桃園縣大
園鄉，距臺北市中心約40公里，佔地總面積達1千2百餘公
頃。為慶祝此規模龐大且最具現代化國際機場之落成，我
國郵政當局印製桃園國際機場落成紀念郵票1組兩枚，在
1978年（民國67年）12月31日發行。

· 面值2元：以機場之鳥瞰圖為主題、中華航空公司的波
音747型噴射客機正飛越航站大廈上空。

· 面值10元：以航站大廈及管制塔為主題、中華航空公司
的波音747型噴射客機正飛越機場上空。

第8屆世界運動會於2009年（民國98年）7月16日至26日在高雄正式登場。為紀念此一運
動盛會，郵政當局在98年7月16日發行「2009高雄世界運動會紀念郵票」一組兩枚。

· 面值5元：綜合體育館
· 面值12元：世運主場館

3. 航空郵票

為了貼用於航空郵件需要較高郵資而發行的郵票，郵票上大都會標示當地官方文字的航空郵寄等類似字樣，至於圖案的主題有採用飛行器，也有採用飛禽或象徵飛行的圖形，甚至和飛行毫無相關的圖形。

· 位於西非的馬利共和國（REPUBLIQUE DU MALI）在1961年4月15日發行一組航空郵務（POSTE AERIENNE）郵票，其中面值500法郎的圖案主題是馬利的首都──「巴馬科」（BAMAKO）、下方是跨越尼日河的烈士橋（法文Pont des Martyres、英文：Martyrs' Bridge）、左上印「巴馬科」的徽章（內有三條鱷魚），「巴馬科」在當地班巴拉語（Bambara）之意為「鱷魚之河」，位於尼日河畔。

· 義大利（ITALIA）為了配合國內第一次用飛機載運航空郵件，從拖里諾（TORINO）到羅馬（ROMA）、從羅馬到拖里諾，將一款特別遞送郵票（貼用於快遞小包郵件）加蓋改為貼用於航空郵件的郵票，面值25分，在1917年5月20日發行，這是世界上第一款的航空郵票。

  隨著飛機性能的改進，航空郵務逐漸成長，各國或屬地郵局陸續發行航空郵票。現今各國或地區郵局大都已經不再規定航空郵件一定要貼航空郵票，所以就不再發行航空郵票，只有美國、法國等少數國家偶爾發行。

· 義大利（ITALIA）在1930年3月12日發行一組航空（POSTA AEREA原文為空運郵務之意）郵票，其中面值LIRE 2的圖案是射向天空的飛箭。

· 義大利（ITALIA）在1945年發行一組航空（POSTA AEREA原文為空運郵務之意）郵票，其中面值2 LIRE和面值5 LIRE的圖案是飛燕。

· 法國（REPUBLIQUE FRANÇAISE簡寫為RF）為紀念在巴黎舉行的第12屆環球郵政聯盟會議（XIIᵉ CONGRÈS DE L'UNION POSTALE UNIVERSELLE PARIS），在1947年5月7日發行一款航空郵資郵票，面值500法郎，圖案上方印一隻海鷗、主題是位於巴黎市中心的城市之島——西堤島（音譯，原名：Île de la Cité）、中央的高塔即著名的巴黎聖母院（Cathédrale Notre Dame de Paris）、島的兩旁有幾座跨越塞納河的橋樑。

· 位於西非的幾內亞共和國（REPUBLIQUE DE GUINÉE）在1987年12月28日發行三款航空郵資（POSTE AERIENNE法文為空運郵務之意）郵票，其中面值400法郎的圖案主題是三隻飛翔的黑冕鶴（GRUE COURONNEE）。

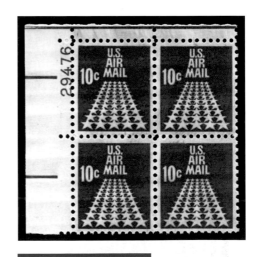

· 美國在1947年7月30日發行一款航空郵資郵票，面值25分，圖案上方印「AIR MAIL」即「航空郵寄」之意，下緣印「UNITED STATES POSTAGE」即「合眾國郵資」之意，主題是跨越舊金山灣的舊金山—奧克蘭海灣橋，橋上空是波音377型同溫層巡航者式客機（Boeing Stratocruiser當時是世界上最大的民航機，最快時速547公里，最大載客數114名），背景是舊金山市區。

· 美國在1968年1月5日發行一款航空郵資郵票（U.S. AIR MAIL），面值10分，圖案是由象徵美國50個州的50顆五角星所排成的飛機場跑道（一排五顆、共十排）。本圖是由四枚郵票組成的四方連，左上邊紙印「29476」表示大全張的印刷版號。

（郵票實際尺寸：圖片尺寸＝1：0.9）

‧ 美國郵政當局開辦「舊金山至東京」航空郵寄的首次飛行信封右上貼25分航空郵資郵票、蓋舊金山郵局的收件郵戳（日期是1947年9月25日），左邊蓋首次飛行紀念章，紀念章的主圖是道格拉斯（Douglas）DC-4型載客機、紀念章上方的「UNITED STATES」、「AIR MAIL」、「FIRST FLIGHT」即「美國」、「航空郵寄」、「首次飛行」之意，中右的「F.A.M. 14」即「第14號國外航空郵寄路線」之意，下方的「San Francisco To Tokyo, Japan」即「舊金山至東京‧日本之意」。

‧ 美國在1971年5月21日發行一款航空郵資郵票（UNITED STATES AIR MAIL），面值21分，圖案是由藍紅線條繪成「USA」、右下印一架噴射機。

法國（REPUBLIQUE FRANÇAISE）在1960年1月11日發行一組航空郵資郵票共4款，圖案主題採用當時法國製造的新型飛機。

· 面值2.00法郎：「諾拉特拉式軍用運輸機」（NORATLAS）。1953年6月12日法國空軍開始使用。

· 面值3.00法郎：「四人座噴射機」（M S 760 PARIS）。第一架在1959年2月9日交給法國海軍使用。

· 面值5.00法郎：「輕帆船型噴射客機」（CARAVELLE）。1958年5月正式進入載客飛行服務。中華航空公司在1971年曾引進此型客機。

· 面值10.00法郎：「雲雀型直升機」（L' ALOUETTE）。在1957年5月2日得到適合飛行核准證書。

哥倫比亞（COLOMBIA）在1965至1966年之間發行一系列的航空（AEREO）郵票，圖案主題採用哥倫比亞航空史（·HISTORIA·DE·LA·AVIACION·COLOMBIANA·）中主要型號的飛機。

1965年12月13日發行3款：

· 面值5分的主題是「1920年使用的德國允客斯F 13型水上飛機」（HIDROAVION JUNKERS F 13）。
· 面值60分的主題是「1930年使用的英國得·哈維蘭雙翼式飛機」（DE HAVILLAND）。
· 面值3披索的主題是「1961年使用的波音720B型噴射機」（JET BOEING 720B）。

1966年7月15日發行3款：

· 面值10分的主題是「1924年使用的德國多尼爾‧鯨魚式飛行艇」（DORNIER WAL）。

· 面值1披索的主題是「1947年使用的道格拉斯DC–4型飛機」（DOUGLAS D.C. 4）。

· 面值1.40披索的主題是「1944年使用的道格拉斯DC–3型飛機」（DOUGLAS D.C. 3）。

1966年12月14日發行4款：

· 面值20分的主題是「1926年使用的德國多尼爾‧水星式水上飛機」（DORNIER MERCUR）。

· 面值50分的主題是「1932年使用的福特‧三發動機式飛機」（TRIMOTOR FORD）。

· 面值2.80披索的主題是「1951年使用的超級星座1049型飛機」（SUPERCONSTELLATION 1049）。

· 屬於航空快遞（EXPRESO）郵票、面值80分的主題是「1966年使用的波音727型噴射機」（JET BOEING 727）。

匈牙利郵政（MAGYAR POSTA）在1977年10月26日發行一組航空（LEGIPOSTA原文為空運郵務之意）郵票，以當時各航空公司最主要的中長程噴射客機為圖案主題、襯底是世界各洲的地圖。

- 面值60 f（filler）的主題是「匈牙利航空公司的土波列夫TU–154型」、襯底是歐洲。
- 面值1.20 Ft（Forint）的主題是「瑞士航空公司的道格拉斯DC–8型」、襯底是東亞。
- 面值2 Ft（Forint）的主題是「捷克航空公司的伊留辛IL–62型」、襯底是北非。
- 面值2.40 Ft（Forint）的主題是「德國航空公司的空中巴士（LEGIBUSZ）A300B型」、襯底是中西歐。
- 面值4 Ft（Forint）的主題是「泛美航空公司的波音（BOEING）747型」、襯底是北美洲。
- 面值5 Ft（Forint）的主題是「蘇聯航空公司的土波列夫TU–144型」、襯底是北歐。
- 面值10 Ft（Forint）的主題是「法國航空公司的協和式（CONCORDE）」、襯底是南美洲。
- 面值20 Ft（Forint）的主題是「蘇聯航空公司的伊留辛IL–62型」、襯底是東北亞。

4. 特種郵票

各國或地區為宣傳某些特定事物而發行的郵票，郵票圖案的主題廣泛並且多樣化，例如：風景名勝、古蹟建築、藝術作品、科技成就、運動競賽、當地特有的動植物等，為了吸引集郵者，世界各郵政當局力求設計別緻、印刷精美，因此形成的各類專題郵票，如今已經成為新發行郵票和集郵的主流。

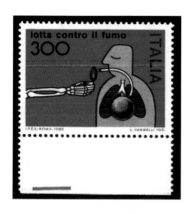

· 義大利（ITALIA）在1982年3月2日發行一款「抵制吸菸（lotta contro il fumo）運動」特種郵票，面值300里拉，圖案是骷髏的手骨對菸點火、彷彿要引燃在一個人肺部中的炸藥。

義大利（ITALIA）在1982年3月27日發行一組「航空科技成就」特種郵票，由四枚組成方聯、橫聯中的間隔白紙（我國的集郵術語稱為過橋）印航空太空科技產品，面值皆為300里拉。

· 左上的圖案主題是「阿利大利亞飛機公司製造的多任務戰鬥機」（AERITALIA M.R.C.A.），本款即為後來的龍捲風式（Tornado）戰鬥機。

· 右上的圖案主題是「義大利飛機、水上飛機公司製造的輕型渦輪飛機」（SIAI 260 TURBO）

· 上聯的白紙印「雷達」。

· 左下的圖案主題是「比雅久航空工業公司製造的通用型渦輪飛機」（PIAGGIO 166 DL3 TURBO），本款可做為照相偵察、巡邏之用。

· 右下的圖案主題是「那地公司製造的NH500型直昇機」（NARDI NH500）。本型機由美國的麥克唐納·道格拉斯直昇機公司（McDonnell Douglas Helicopters, Inc.）授權製造。

· 下聯的白紙印「飛機的發動機」。

注[1]：「SIAI」係「Società Italiana Aeroplani Idrovolanti」之簡稱。
注[2]：M.R.C.A.係Multi Role Combat Aircraft之簡稱，M.R.C.A.在臺灣譯成多用途戰鬥機。

義大利（ITALIA）在1983年3月28日發行一組「航空科技成就」特種郵票，由四枚組成方聯、橫聯中的間隔白紙（我國的集郵術語稱為過橋）印航空太空科技產品，面值皆為400里拉。

- 左上的圖案主題是「義大利飛機、水上飛機公司製造的噴射練習機或輕型攻擊機」（SIAI 211）。

- 右上的圖案主題是「阿古斯塔公司製造的攻擊直升機」（A.129 AGUSTA）。

- 上聯的白紙印「裝置太陽能板（Solar panels）的人造衛星」。

- 左下的圖案主題是「加普隆尼公司製造的滑翔機」（CAPRONI C22J）

- 右下的圖案主題是「阿利大利亞公司和馬基航空器公司合作製造的對地面攻擊機」（A.M.X.- AERITALIA AER MACCHI）

- 下聯的白紙印「人造衛星」。

注：「AER MACCHI」係「Aeronautica Macchi」之簡稱。

我國郵政在1980年（民國69年）8月18日發行一組「唐三彩」郵票，以國立歷史博物館珍藏之唐三彩陶器4件為圖案主題。

· 面值2.00元的主題「武將」：高101公分，白胎、三彩釉，直立於高臺，臺前後各有兩圓孔。武將造形魁偉有力，頂束髮髻，身著甲胄，腰束粗帶，足穿長靴，外套象頭狀護膝，頭微向右。釉色鮮麗，製作極精。

· 面值5.00元的主題「雞」：兩雞各高17公分，兩雞均為白胎、三彩釉，形態相同，均係雄雞。頂冠高聳，睜目平視，造型逼真。

· 面值8.00元的主題「馬」：高73公分，長78公分，直立於長方形平臺，土質呈白色，頭稍向左，前兩足齊立，後右足稍向前立，神態雄偉，表現逼真而生動。

· 面值10.00元的主題「駱駝」：高82公分，長68公分，白胎、三彩釉，直立於長方型平臺，頭向上昂、張口、露舌、睜目、作長嘶狀，駱駝體形健壯，釉色華麗。

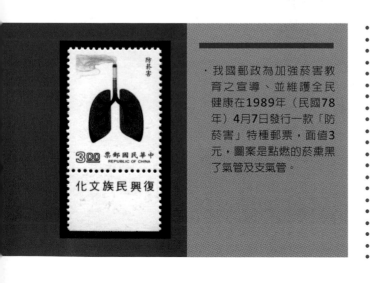

· 我國郵政為加強菸害教育之宣導、並維護全民健康在1989年（民國78年）4月7日發行一款「防菸害」特種郵票，面值3元，圖案是點燃的菸熏黑了氣管及支氣管。

為宣揚重點科技發展成果及加強喚起全民對科技發展之共識，我國郵政印製科技發展郵票，分上下輯、每輯4枚。

上輯在民國1988年（民國77年）4月22日發行。

- ·面值3.00元的主題：「能源科技」
- ·面值7.50元的主題：「自動化科技」
- ·面值10.00元的主題：「資訊科技」
- ·面值16.00元的主題：「材料科技」

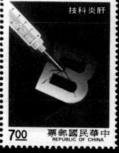

下輯在民國1988年（民國77年）5月9日發行。

· 面值**1.50**元的主題：「生物科技」

· 面值**7.00**元的主題：「肝炎科技」

· 面值**12.00**元的主題：「光電科技」

· 面值**16.50**元的主題：「食品科技」

· 我國郵政在2009年（民國98年）4月7日發行「高雄捷運郵票」1組2
款，面值5元：中央公園站、面值25元：世運站。

我國郵政在2009年（民國98年）8月26日發行「童謠專題郵
票」一組共4款，面值皆為5元。

· 妹妹背著洋娃娃：歌曲中所敘的花園裡為背景，右上方的小
　鳥則點出最後一句歌詞「樹上小鳥笑哈哈」的趣味性，令人
　會心一笑。

· 火車快飛：以小朋友快樂地搭乘火車呼應主題。

· 西北雨：以大粒雨滴落下的西北雨呼應曲名，並以池塘裡的
　粉紅荷花、螢火蟲及擬人化的魚襯托雨中情景。

· 娃娃國：以娃娃國王與娃娃兵從王宮騎馬出來呼應主題，遠
　方的城堡引申娃娃國的曲名。

5. 慈善或附捐郵票

為了社會福利、賑災、救濟和贊助等慈善事項的籌募捐款而發行的郵票，稱為慈善郵票，大都會在郵票上印「郵資」數字再加「捐款」數字，郵票的售價就是郵資加捐款的金額，因為郵票上印附加捐款，所以又稱為附捐郵票。●

・比利時（法文BELGIQUE–BELGIË低地文）在1998年11月9日發行一款贊助盲人附捐郵票，主題是「導盲犬」（Chiens-guides / Blindengeleidehonden）、圖案是「一位盲人站在交通號誌前，右手拿一根白色拐杖、左手牽著一隻導盲犬」。面值「17＋4」法郎：「郵資」是「17」法郎，附加「＋」、「捐款」是「4」法郎、郵票的售價是「21」法郎。

本款郵票的最大特色是在票面的左邊以法文式點字印出面值，下列4個點字分別表示「17＋4」：

●○ 表示「1」　●● 表示「7」　○○ 表示「＋」　○● 表示「4」
○○　　　　　○● 　　　　　●● 　　　　　○●
○●　　　　　○○ 　　　　　●○ 　　　　　○○

瑞士（HELVETIA）在1958年5月31日發行一組愛國附捐（PRO PATRIA）郵票，附捐款項捐給急需救助的母親。

· 面值「5＋5」分：主題是「母親抱著幼兒」（右上的白色十字架和襯底的紅棕色即象徵瑞士的國旗）。

· 面值「10＋10」分：主題是「黃色螢石」。（自然界中的螢石常顯鮮豔的顏色，它的折射率和色散極低，對紅外線、紫外線的透過性能高，適合做光學元件。若為單晶顆粒大，透明、顏色鮮多用於觀賞和收藏。若為粒狀或纖維狀集合體，半透明，單一顏色或不同顏色相間呈條帶狀分布，多用於雕刻或製成工藝擺飾品。）

· 面值「20＋10」分：主題是「鸚鵡螺化石」。

· 面值「30＋10」分：主題是「紫紅色石榴石」。（在《聖經》故事的諾亞（挪亞）方舟傳說是用石榴石照明。美國寶石商協會將它定為一月的誕生石，也是結婚紀念日兩週年的寶石、代表紐約的寶石。）

· 面值「40＋10」分：主題是「水晶」。（半透明或不透明的晶體，含有雜質時顏色不一，無色透明的晶體稱水晶，乳白色的稱乳石英，淺紅色的稱薔薇石英，紫色的稱紫水晶，黃褐色的稱煙晶、茶晶，黑色的則稱墨晶。在歐洲和中東地區，自古以來石英被製成珠寶和硬石雕刻。）

瑞士（HELVETIA）在1959年6月1日發行一組愛國附捐（PRO PATRIA）郵票，附捐款項捐給急需救助的母親。

· 面值「5＋5」分：主題是「地球和兩面瑞士的國旗」。

· 面值「10＋10」分：主題是「瑪瑙」。（是混有蛋白石和隱晶質石英的紋帶狀塊體，色彩相當有層次，有半透明或不透明的，常被當做飾物或玩賞用。）

· 面值「20＋10」分：主題是「電氣石」。（俗稱碧璽，此種寶石的鮮豔碧綠色閃耀出電光石火般的霓光而得名。清代的慈禧太后為最出名的碧璽喜愛者，其生前多使用碧璽珠寶，目前臺北故宮博物館藏有其使用的碧璽飾品。在日本樂天市場網路電子商務交易平台，一枚約20餘克拉的電氣石裸石曾出現一億三千萬日圓的高標價，約合新臺幣四千三百萬元）。

· 面值「30＋10」分：主題是「紫石英」。（又名紫水晶，是一種寶石，最早在古埃及時代就被當做裝飾之用，在中古歐洲僅有教宗或大主教才能配戴。）

· 面值「40＋10」分：主題是「蠑螈化石」。

· 法國（REPUBLIQUE FRANÇAISE）在1966年12月10日發行一組紅十字會附捐郵票，面值「0.25＋0.10」法郎：標題是「擔任急救的婦女」（AMBULANCIERE）、1859年戰地的護士對受傷的軍人給予急救。面值「0.30＋0.10」法郎：標題是「護士」（INFIRMIERE）、護士對孩童擦藥急救。

注：1859年6月24日，奧地利軍隊和法國、薩丁尼亞王國聯軍在義大利北部的索爾弗利諾Solferino交戰，稱為索費里諾戰役。這場持續九個多小時的戰鬥造成三萬多人傷亡、一萬多人被俘或失蹤。瑞士銀行家亨利·杜南親眼目睹了戰場上受傷士兵的痛苦，萌發推動創立紅十字會。

- 法國（REPUBLIQUE FRANÇAISE）在1967年4月8日發行一款郵票日（JOURNEE DU TIMBRE）附捐郵票，面值「0.25＋0.10」法郎的圖案主題是1865年第二帝國的信差（FACTEUR DU SECOND EMPIRE）。
- 法國（REPUBLIQUE FRANÇAISE）在1968年3月16日發行一款郵票日（JOURNEE DU TIMBRE）附捐郵票，面值「0.25＋0.10」法郎的圖案主題是1830年鄉間的信差（FACTEUR RURAL DE 1830）。

荷蘭（NEDERLAND低地之國）在1969年11月11日發行一組附捐郵票，附捐款項做為兒童福利的經費。

- 面值「12＋8」分：男孩吹直笛。
- 面值「15＋10」分：男孩在拉小提琴。
- 面值「20＋10」分：男孩在敲鼓。
- 面值「25＋10」分：三個男孩在唱歌。
- 面值「45＋20」分：兩個女孩在跳舞。

荷蘭（nederland）在1970年4月7日發行一組附捐郵票，附捐款項做為社會和文化活動的經費，圖案的設計是由電腦繪製（世界第一組電腦繪製郵票）。

‧面值「12＋8」分：由圓形擴增至正方形所組成的立體圖形。

‧面值「15＋10」分：上下各有六層平行的方格面。

‧面值「20＋10」分：兩個圓弧線條重疊交叉成紡錘線圖形。

‧面值「25＋10」分：轉變面向的橢圓形。

‧面值「45＋20」分：螺旋紋圖形。

位於加勒比海、荷蘭所屬的安提列（nederlandse ANTILLEN）在1982年10月20日發行一組附捐郵票，附捐款項做為兒童福利的經費。

‧面值「35＋15」分：女孩在彈手風琴。

‧面值「75＋35」分：女孩在彈吉他。

‧面值「85＋40」分：男孩在拉小提琴。

位於加勒比海、荷蘭所屬的安提列（NEDERLANDSE ANTILLEN）在1984年11月7日發行一組附捐郵票，附捐款項做為兒童福利的經費。

· 面值「45＋20」分：男孩在讀書。
· 面值「55＋25」分：父親讀書給孩子聽。
· 面值「100＋50」分：一家人到教堂做禮拜。

南韓（KOREA為高麗之英文名稱）為了1988年在首爾舉行的奧運會（SEOUL 1988）在1985年3月20日發行一組附捐郵票，附捐款項做為奧運會的建設經費。

· 面值「70＋30」韓圜：1988年第24屆奧運會的宣傳標誌。
· 面值「70＋30」韓圜：1988年第24屆奧運會的吉祥物──「高麗虎」（Korean Tiger），亦稱為「朝鮮虎」。

南韓（KOREA）為了1988年在首爾舉行的奧運會（SEOUL 1988）在1988年5月
6日發行一組附捐郵票，附捐款項做為奧運會的建設經費。

　‧面值「80＋20」韓圜：1988年第24屆奧運會的聖火傳遞、背景是古代希臘奧運會的聖
　　火傳遞。

　‧面值「80＋20」韓圜：1988年第24屆奧運會的主運動場館。

‧我國郵局在2009年（98年）10月9日特別發行一款「莫拉克颱風賑災附捐郵票小全張」，內含兩枚
　郵票，圖案下方印「25＋25」表示郵資25元附加莫拉克颱風賑災捐款25元。小全張售價共計新台幣
　100元，其中的50元做為郵資，另外的50元則做為捐款。

德意志聯邦郵政（DEUTSCHE BUNDESPOST）和柏林（BERLIN）分別在1989年4月20日發行一組為青少年（FÜR DIE JUGEND）附捐郵票，圖案的題材選用馬戲團的各種情景，附捐款項則捐給各青少年福利機構。

德意志聯邦發行的4款：

· 面值「60＋30」分尼：象群表演。

· 面值「70＋30」分尼：在馬背上表演的芭蕾舞者。

· 面值「80＋35」分尼：小丑用薩克斯風吹出彩色泡沫。

· 面值「100＋50」分尼：馬戲團賣門票的箱型車和大帳篷。

柏林發行的4款：

· 面值「60＋30」分尼：老虎穿過馴獸師拿著的火圈。

· 面值「70＋30」分尼：盪鞦韆的演藝者。

· 面值「80＋35」分尼：海豹用嘴頂著大彩球。

· 面值「100＋50」分尼：變把戲、耍特技者。

CHAPTER 1-5
集郵品的家族之一

① 戳片 ② 首日封 ③ 紀念封
④ 我國郵政發行的貼票卡、護票卡、活頁卡、郵摺

1. 戳片

剛開始集郵時，都是先集郵票，然後有的集郵者就注意到信封上的郵戳，覺得郵戳蓋得很清晰、圖案又比較奇特，於是將郵票連同整個郵戳的紙片剪下來收藏，此類紙片稱為戳片。現今若遇到類似情形，可以將整個信封或明信片留下來，成為有收藏價值的郵趣品。

2. 首日封

在新郵票發行首日，將新發行的郵票貼在信封上並蓋當天的郵戳，此類信封簡稱為首日封（英文稱為First Day Cover，簡稱FDC）。

· 英國在1986年7月22日發行安德魯王子和莎拉王妃結婚紀念郵票，
 一套有兩款，面值12便士和17便士，戳片上蓋結婚日期——7月23
 日的郵戳，戳中刻結婚地點——倫敦（LONDON）的西敏寺大教堂
 （WESTMINSTER ABBEY）。

當集郵風氣在歐美國家漸漸流行後，就有一些集郵者開始找尋郵票發行當天寄
出貼該枚郵票的信封，腦筋動得快的郵商就看準商機，從郵局得知郵票發行的
確定日期，提前印製首日封，通常在橫式信封左邊印著和新發行郵票相關的圖
案和文句，供集郵者在發行首日貼上新發行的郵票。1950年代，例如台灣、匈
牙利、瑞士等國的郵政當局開始發行空白首日封，被稱為官方首日封。後來為
了方便集郵者，英國、瑞士、澳洲等國郵政當局開始發行貼好成套郵票並加蓋
首日紀念郵戳的首日封，省去集郵者貼郵票和排隊等蓋郵戳的時間，頗受集郵
者的歡迎，如果要成為實際郵寄的首日封，只要在上面寫上收件人姓名和地址
後投入郵筒或直接交給窗口服務員處理就可以了，近年來我國郵局也出售貼妥
套票和蓋戳的首日封。

臺灣山水郵票（七十二年版）首日封
中華民國七十二年一月　日
交通部郵政總局發行

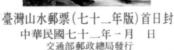

ひ干西章南路獅3林3Ft30号
大象雜志社

（郵票實際尺寸：圖片尺寸＝1：0.9）

・我國郵政在1983年（民國72年）3月1日發行一組臺灣山水郵
　票，其中一款面值3元圖案是臺灣大學所屬溪頭實驗林場內的大
　學池。附圖是「大學池」首日封，蓋「台灣竹山郵局所轄的溪頭
　代辦所」的「民國72年3月1日」郵戳以及蓋紫紅色的「溪頭大
　學池」風景戳。此種首日封蓋「郵票主題所在地」的發行首日郵
　戳，集郵名詞稱為「蓋特定地點郵戳首日封」，簡稱為「定點首
　日封」。

新 年 快 樂
HAPPY NEW YEAR

新年郵票(八十五年版)首日封
NEW YEAR'S GREETING POSTAGE STAMPS
(ISSUE OF 1996) F.D.C.

（郵票實際尺寸：圖片尺寸=1：0.9）

· 我國郵政在1996年（民國85年）12月2日發行的牛年新年郵票
　首日封。

（郵票實際尺寸：圖片尺寸=1：0.9）

・瑞士（正式國名HELVETIA赫維提亞）在1972年2月17日發行一
款航空附捐郵票的首日封，郵票面值2法郎附加1法郎（做為贊
助航空基金之用），圖案主題是瑞士航空公司（SWISSAIR）使
用的波音747型噴射客機。本封是瑞士郵政當局印製的，由官方
印製的信封，簡稱為官封。

大 鳴 門 橋 開 通

Opening of Oh-Naruto Bridge

First Day of Issue June 7, 1985

〈郵票實際尺寸：圖片尺寸=1：0.9〉

· 日本在1985年（昭和60年）6月7日發行一款「大鳴門橋開通記念」郵票的首日封，蓋「鳴門」郵局的發行首日紀念郵戳。郵票面值60日圓，圖案主題是跨越鳴門海峽的大鳴門橋、左下方是鳴門海峽著名的渦潮。由於鳴門海峽的寬度僅約1.3公里，海峽兩側分別為瀨戶內海和太平洋，每日的潮汐流量很大，所以潮速相當快，平時已達時速13～15公里，大潮時甚至可達20公里左右，是日本觀測到最快的潮速，而當快速的潮流和周圍流速較慢的海水接觸時便容易產生漩渦。大潮時的鳴門漩渦最大可達直徑約20～30公尺，被稱為世界最大規模的漩渦，所形成的渦潮景觀，自古即相當聞名，因此橋下的海岸邊和附近的鳴門公園（設有瞭望臺）成為著名的觀光景點，可以觀賞轟隆鳴響、快速旋轉的渦流以及奔騰的海潮。

大鳴門橋（おおなるときょう）是日本兵庫縣南淡路市福良丙到德島縣鳴門市鳴門町土佐泊浦間的一座吊橋，1976年（昭和51年）7月2日正式動工，1985年6月8日通車。橋長1,629m，分上下兩層，上層是四線車道公路，下層供將來鋪設鐵路之用。

（郵票實際尺寸：圖片尺寸=1：0.9）

· 交通部郵政總局在民國86年8月14日發行的空軍八一四勝利六十週年紀念信封，信封左下印
  三架編隊飛行的「IDF經國號」戰鬥機，右上蓋岡山空軍通校郵局的郵戳（日期86年8月14
  日），中上蓋紫紅色的紀念戳，此信封是實寄到桃園的限時專送函件，所以信封信下方蓋桃園
  郵局的收件郵戳（日期86年8月15日）。

3. 紀念封

為了紀念重要的人物或特殊重大事件而印製的信封，有郵政當局
發行的，也有集郵組織或相關團體發行的。紀念封上都會印上紀
念性的圖案和文句，如有貼上相關郵票、蓋紀念郵戳，則成為有
收藏和紀念意義的郵趣品。

火車郵票俱樂部成立十二週年紀念
中華民國八十六年六月廿九日
火車郵票俱樂部印製

慶祝火車郵票俱樂部成立十二週年紀念實寄封
蓋台北臨時郵局民國 86 年 6 月 29 日紀念戳，花蓮郵局 86 年 6 月 30 日收件郵戳

（郵票實際尺寸：圖片尺寸=1：0.85）

・火車郵票俱樂部印製的該俱樂部成立二十週年紀念信封，蓋台北臨時郵局的慶祝紀念郵戳（日
　期86年6月29日），此信封是實寄到花蓮的限時掛號函件，所以信封信下方蓋花蓮郵局的收件
　郵戳（日期86年6月30日）。

4. 貼票卡、護票卡、活頁卡、郵摺

我國郵政當局還開發了幾種集郵品，如貼票卡、護票卡、活頁
卡、郵摺等，前述集郵品的特色就是加印有關郵票的資料，前三
種空白卡和空白首日封大概都會在郵票發行首日的前兩天或前三
天預先出售。

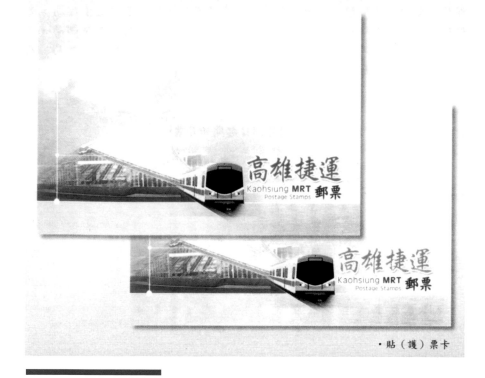

・貼（護）票卡

・民國98年4月3日起開始出售「高雄捷運郵票」的空白護票卡（左：印青色字體「高雄捷運」）和空白貼票卡（右：印綠色字體「高雄捷運」），每張卡的售價新臺幣5元。已放入「高雄捷運郵票」的護票卡。

高雄捷運為我國重大的交通建設，高雄捷運的紅、橘線分別於民國97年4月7日、9月22日通車營運，不僅提高大高雄都會區大眾運輸品質，更提供民眾安全、舒適、便捷的交通服務。我國郵政在民國98年4月7日發行「高雄捷運郵票」1組2枚。（見頁63）

（一）面值5元的圖案主題是中央公園站：該站為地下車站，共兩層，站體由英國著名之景觀建築大師理察・羅傑斯（Richard Rogers）所設計，以「摩登高雄」為主題，將站體融入緊臨的中央公園；另在其出入口建造一片巨型雨庇宛若飛舞的葉片，襯托出「飛揚」之設計意象，象徵蓬勃朝氣與生生不息。

（二）面值25元的圖案主題是世運站：該站為高架車站，站體配合高雄港都之特殊環境，以「張帆遠揚」之構想為主軸，設計出「海上雄獅」景觀，呈現「乘風破浪」之整體氛圍，彰顯海洋首都的特性。內部空間藉由抬高之屋頂架構及天窗採光之設計，達到空氣對流及自然採光之環保節能功效。

（1）貼票卡、護票卡

貼票卡是為了讓集郵者貼上郵票並蓋發行首日郵戳而印製的卡片。而護票卡外表和貼票卡相似，這是為存放新發行郵票而設計，它是將透明塑膠片的最底部黏在票卡上，集郵者可以將郵票放入透明塑膠夾片和票卡之間。

（2）活頁卡

活頁卡則選用質料較好的護郵塑膠片，把上層透明塑膠片和底層黑色塑膠片的

高雄捷運 郵票 Kaohsiung MRT
Postage Stamps

　　高雄捷運為我國重大的交通建設，本公司特以「中央公園站」及「世運站」為題材，發行「高雄捷運郵票」1組2枚。中央公園站：為地下車站，共兩層，將站體融入緊臨的中央公園；另在其出入口建造一片巨型雨庇宛若飛舞的葉片，襯托出「飛揚」之設計意象，象徵蓬勃朝氣。世運站：為高架車站，本站體配合高雄港都之特殊環境，以「張帆遠揚」之構想為主軸，設計出「海上雄獅」景觀，呈現「乘風破浪」之整體氛圍，彰顯海洋首都的特性。

　　To highlight the Kaohsiung Mass Rapid Transit System—a major national transportation infrastructure project—Chunghwa Post is issuing a set of two stamps, featuring the Central Park Station and the World Games Station. Central Park Station: This underground station comprises two levels, and the station's architecture blends into the landscape of adjacent Central Park. A gigantic canopy-like roof, which resembles a flying leaf, was constructed to cover the entrance. Conveying the design concept of "to soar," it demonstrates a robust and constant vitality. World Games Station: Inspired by the special physical environment of Kaohsiung and meant to show the special characteristics of a harbor city, the central design concept of this elevated station focuses on sailing, and the station building resembles a ship, befitting a major center of international shipping.

特530.1　　　　　　　　900,000　　　　特530.2　　　　　　　　900,000

最底部經高壓、高溫快速夾合，再把黑色底層背面貼在頁卡上。集郵者將郵票放入護郵塑膠夾片內後，再將活頁卡裝入稍大的透明塑膠套內，這是最受集郵者歡迎的保護郵票產品。

（3）郵摺

郵摺則加印相關圖片和解說，只有配合比較特殊的紀念或特種郵票才會發行。郵摺其實就是大形的護票卡，內附郵票。●

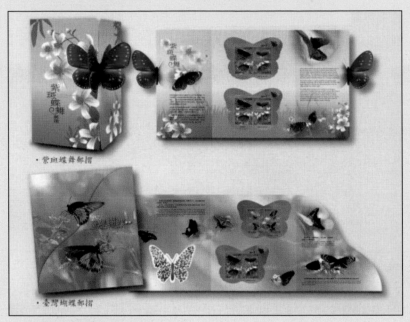

（郵票實際尺寸：圖片尺寸=1：0.7）

· 100年4月8日發行的「臺灣蝴蝶郵票──預銷戳原圖明信片」（每套新臺幣64元）、「紫斑蝶舞郵摺」（每本新臺幣150元）、「臺灣蝴蝶郵摺」（每本新臺幣150元）。

· 民國98年2月26日發行一組「臺灣貝殼郵票（第3輯）」，該組的空白活頁卡在民國98年2月24日起開始出售，每張卡（含護卡透明塑膠套）的售價新臺幣8元。（見頁65）

（一）紫袖鳳凰螺（面值5元）：貝殼呈紡錘形，有黃褐色或紅褐色的斑紋及紫紅色的殼口，貝殼背面有粗瘤，殼口狹窄，外唇十分擴張，成貝的外唇緣比較肥厚，上緣有指狀突起。

（二）玫瑰泡螺（面值5元）：貝殼呈圓球形而十分輕薄，像氣泡模樣，貝殼上有玫瑰色（淡紅色）和白色相間的色帶，有些具有黑色的色帶，貝殼光澤而美麗，螺塔低小。

（三）金色美法螺（面值12元）：貝殼呈紡錘形，有橙黃色和黑褐色相間的條紋，夾雜著白色的短斑，殼表密佈顆粒，殼口緣橙色而有白色的齒列。

（四）錦鯉筆螺（面值12元）：貝殼略像毛筆的筆頭，白色而有紅色或黃色的塊斑，讓人聯想到錦鯉的模樣，紅斑的個體較多，黃斑的個體比較少見。殼口狹窄，水管溝很短。

臺灣貝殼郵票（第3輯）
Seashells of Taiwan Postage Stamps（III）

特529.1　　900,000　特529.2　　900,000　特529.3　　900,000　特529.4　　900,000

臺灣四面環海，孕育了豐富多樣的貝類群，為介紹臺灣貝殼之美，續發行「臺灣貝殼郵票（第3輯）」1組4枚。

Surrounded by water, Taiwan supports a wide variety of marine mollusks. To continue to introduce the beauty of Taiwan's seashells, this Post is releasing a set of four stamps entitled "Seashells of Taiwan Postage Stamps (III)".

Spindle-shaped, *Strombus sinuatus* has tawny or reddish brown stripes and a purple red aperture. There are big nodules on its backside. Its aperture is narrow and its outer lip flares widely. The rim of the adult shell's outer lip is thick with finger-like projections on the posterior edge. Like a bubble, *Hydatina amplustre* is round, light and thin. It is covered with rosy pink and white bands, though some of the shells also have black bands. This beautiful glossy shell has a very small spire. Spindle-shaped, *Cymatium lepidum* is covered with orange yellow and dark brown stripes and some localized white speckles. The surface of the shell is very sculptured. The rim of its aperture is orange with white teeth. With a white shell that is oblong-shaped (resembling the writing end of a Chinese calligraphic brush) and covered with either red or yellow spots, *Mitra mitra* reminds people of a koi. There are more red-spotted ones than yellow spotted ones. It has a narrow aperture and a very short siphonal canal.

First day of issue	February 26, 2009
Sheet composition	20 (5 × 4)
Paper used	Phosphorescent stamp paper
Designer	Jheng Yi-lang
Printer	Central Engraving and Printing Plant
Stamp size	40 × 30 (mm)
Color	Colorful
Process	Deep etch offset
Perforation	13 ½

中華郵政股份有限公司發行
Chunghwa Post Co., Ltd. REPUBLIC OF CHINA (TAIWAN)

售價：NT$8.00   98 - 3

12AA3240

（郵票實際尺寸：圖片尺寸=1：0.7）

CHAPTER 1-6
集郵品的家族之二

① 明信片（郵政明信片、圖像明信片、賀年明信片）
② 郵簡 ③ 原圖卡

1. 明信片（postcard or post card）大致分為：

（1）郵政明信片（POSTAL CARD）
為了方便寄件者節省買信封的費用和買郵票、貼郵票的時間，而通信內容簡短、沒有關連到個人的隱私性，奧地利的「伊曼紐爾‧赫曼」教授（Dr. Emanuel Herrmann生於1839年、1902年去世）提出發行明信片的構想，被郵政當局採納後，當時的奧地利－匈牙利帝國在1869年10月1日發行全世界第一款郵政明信片。郵政明信片的正面右上方印郵資符誌，其餘部分用於書寫寄件人和收件人的姓名、地址，通信內容寫或印在背面。為了鼓勵民眾多加利用，郵政明信片的郵資比普通信函的郵資便宜，推出以後受到社會大眾的好評。

・奧地利在1977年12月2日發行一款郵票日專題郵
票，面值「6＋2」西令，圖案主題是郵政明信片
的發明者「伊曼紐爾‧赫曼」。

（2）圖像明信片（PICTURE POST CARD）

十九世紀末期，由於蒸汽船、蒸汽機關車的發明加上不斷改進，水路和鐵路運
輸發達，帶動歐美各國的旅遊風氣，但是照相機還不普遍，所以賣紀念品的店
家就在各觀光景點推出印刷精美的風景或建築物圖片，受到觀光客的喜好。有
些觀光客向郵局反映希望比照郵政明信片的方式將圖片直接寄給親友，經過討
論，郵局認為只要在圖片上貼符合基本郵資的郵票就可以了。進入1970年代，
許多國家致力推展觀光旅遊業，郵政當局配合宣導，發行印有觀光景物的郵政
明信片。此類印有各種不同圖像的明信片，通稱為圖像明信片，最常見的是印
著風景的明信片，其次是著名演藝人員（如電影明星）的肖像明信片。

‧民國84年1月發行的郵政明信片，郵資符誌上的面值是2.50元、圖案主題是鴛鴦。

郵政明信片
CARTE POSTALE

右邊只寫收件人姓名地址

高屏舊鐵橋
Kaoping Iron Railway Bridge
攝影者：胡保樹

（郵票實際尺寸：圖片尺寸=1：0.8）

民國97年1月23日發行「臺灣風景明信片──屏東（含郵票符誌）」1組

・正面：跨越高屏溪的舊鐵橋

・背面：右上印的郵票符誌面值是2.50元

（3）賀年明信片（GREETINGS POST CARD）

日本和我國郵政當局為方便民眾郵寄賀年卡，於是將賀年卡和明信片結合起來，發行賀年明信片，郵資符誌選用該年度發行的生肖郵票圖案，另外加印和生肖相關的圖案以及祝賀詞句。自2008年起，我國郵政當局為鼓勵大眾多利用賀年明信片，讓收信者感受到過年的氣氛和問候的人情味，並且將中獎的機運送給收信者，因而推出可以對獎的賀年明信片，也成為最新款的郵趣品。

（郵票實際尺寸：圖片尺寸=1：0.7）

·民國85年12月發行的牛年賀年明信片。

2. 郵簡

發行郵簡的動機源自於明信片，為了兼顧能書寫較多的文句以及保護隱私性，
於是將郵票、信紙、信封三者結合成一體，而印製有郵資符誌的信箋，經包摺

請由此處開折　　　　　　　　　To open cut here

From：（寄件人姓名、地址、區號）

To：（收件人姓名、地址）

AÉROGRAMME
PAR AVION
亞洋航空郵簡

FOR ASIAN & OCEANIC COUNTRIES

中華民國七十九年 交通部郵政總局發行　　Directorate General of Posts, Republic of China, 1990

臺北公園　Taipei Park

郵簡內如裝有附件，應按航空信函納費交寄，否則即由水陸路寄發。

If anything is enclosed, this aérogramme shall be posted as an air mail by paying additional postage. Or it will be despatched by surface.

（郵票實際尺寸：圖片尺寸=1：0.7）

・我國郵政在民國79年、即1990年發行的亞洋（寄到亞洲、大洋洲）航空郵簡，售價11元，
郵資符誌的圖案是鹿港的龍山寺、蓋台北郵局的民國80年7月8日郵戳，左邊蓋紅紫色的「長
榮航空台北～吉隆坡首航紀念」章，下面印臺北公園（即二二八紀念公園）的臺灣博物館。

（郵票實際尺寸：圖片尺寸=1：0.5）

・英國的人島（ISLE OF MAN）在1984年7月24日發行一款航空郵簡，紀念「國際民航組織成
立40週年」（International Civil Aviation Organization，簡稱ICAO）以及「首次正式空運
郵寄服務50週年」（50TH ANNIVERSARY OF THE FIRST OFFICIAL AIRMAIL SERVICE），
郵簡的右上印郵資26便士及英國女王伊莉莎白二世頭像、蓋發行首日紀念郵戳，中上印國際
民航組織的標誌，左半部印1934年的D.H.84型龍式（Dragon）商用飛機。

後，書寫內容被包在內面，外面印有寄件人和收件人的姓名、地址等欄位。郵
簡的郵資比普通信函的郵資低廉，分為國內郵簡和國際航空郵簡。在二十世紀
國際電話通話費昂貴的時代，和國外親朋好友聯絡，大都利用國際航空郵簡，
航空郵簡在英文和法文都稱為「Aerogramme」。

3. 原圖卡

由於英文將原圖卡稱為Maximum Card，Maximum是極大、最大的意思，所以
中國大陸的集郵術語稱為極限卡，而台灣集郵界的稱法則取自「明信片的圖像
和郵票原來的圖案相符或相關」。世界最早的原圖卡出現在19世紀末，旅行者
偶然在寄明信片時將郵票貼在印有相同圖案的明信片上形成。原圖卡是一種結
合郵票、圖像明信片和郵戳於一體的集郵品。也就是說，將郵票貼在一張和該
郵票圖案相同或相關的圖像明信片上（注意：郵票要貼在印圖像的一面），再
蓋上郵戳，就形成原圖卡。卡上的郵戳以郵票的發行首日郵戳為最佳，或是和
該郵票相關的紀念戳；一般來說，和郵票發行的日期越近越好。●

我國郵政在1983年（民國72年）3月1日發行一組臺灣山水郵票，其中面值3元的圖案是臺灣大學所屬溪頭實驗林場內的大學池、面值18元的圖案是臺灣最高峰的玉山。

（郵票實際尺寸：圖片尺寸=1：0.9）

附圖是「大學池」原圖卡。

（郵票實際尺寸：圖片尺寸=1：0.9）

附圖是「玉山」原圖卡。

（郵票實際尺寸：圖片尺寸＝1：0.9）

・我國郵政在2009年（民國98年）7月16日發行「2009高雄世界運動會紀念郵票」的原圖明信片1組2枚，圖案主題分別是綜合體育館（上）、世運主場館（下）。

· 德意志聯邦郵政（Deutsche Bundespost）在1986年6月20日發行一款名音樂
家──「李斯特」（Franz Liszt生於1811年─1886年去世）去世一百週年紀
念郵票，面值80分尼，圖案是李斯特晚年畫像和他的簽名。原圖卡蓋「波昂」
（BONN）郵局的發行首日紀念郵戳。

CHAPTER 1-7
郵票的計算及印製的組合

❶ 在集郵界有專用的語詞，通稱為集郵術語。對於郵票的計算及
印製的組合也有專用術語。

❷ 郵票的計算單位，分別稱為枚、連、方連等。

❸ 印製的組合單位，分別稱為連刷票、大全張、小全張、型張、
小冊等。

1. 枚、全張（英文稱為full sheet）

為了提升印製郵票的效率，將相同郵票的印模拼成一個版，例如
以直行10個、橫排10個單獨印模拼成由100個單獨印模組合成一個
版，這一個版就會印出100張單獨的郵票，而印出之後未經切割或
撕開的整版，稱為全張。1840年印製黑便士的一個版是採用20乘以
12共240個小張拼組而成，每一個單獨的小張，也就是計算的基本
單位，稱做「枚」，所以按照集郵術語來說明：「黑便士的全張
內含240枚郵票」。近一、二十年來，各國或各地區郵局為了提升
郵票的銷售量，於是將全張內所含的枚數減少，因為枚數少，全
張的售價就降低，並且在四周圍的邊紙印上和郵票主題相關的圖
飾和文字，希望能提升集郵者購買全張的意願。現今我國在郵局
窗口出售的全張所含的枚數大都是20枚，日本和德國近年來發行
的全張已降到只含10枚而已，其目的都是為了促銷郵票的全張，
另外也省去窗口服務人員撕郵票的時間。

中部国際空港開港記念

Cartor Security Printing
平成17年2月1日

・日本在2005年2月1日發行一款
「中部國際空港開港記念」郵
票，面值80圓，圖案主題是一
架波音747型噴射客機從跑道升
空，全張內含10枚郵票。

2. 雙連（英文稱為pair）：兩枚未撕離而相連在一起的郵票，稱做「雙連」。

上下相連的兩枚郵票，稱做「直雙連」。

· 美國在1976年1月2日發行的航空郵票、面值25分、右上「US Airmail」即美國航空郵寄之意。

左右相連的兩枚郵票，稱做「橫雙連」。

· 民國81年3月2日發行的一款常用普通郵票，位於台東縣的綠島燈塔。

3. 條連（英文稱為strip），含三枚以上未撕離而相連在一起的郵票，稱做「條連」，也有簡稱為「連」。

如果三枚橫向相連的郵票，稱做「橫條三連」或簡稱「橫三連」。

‧英國在1966年12月1日發行的聖誕專題郵票，面值3便士，
圖案是小朋友畫「去拜見耶穌的國王」。

四枚直向相連的郵票，稱做「直條四連」
或簡稱「直四連」。

‧日本在1988年3月11日發行一款「青函海底隧道
開通記念」郵票，面值60日圓，圖案左邊是青函
海底隧道專用的ED79型電力機關車牽引「日本
海」藍色特急列車，中間印藍色路段是位於北海
道和本州之間的青函（青森、函館之間）海底隧
道，右上綠色部分是北海道的南部，函館位於南
部海岸線中間，右下綠色部分是本州的北部，青
森在大海灣的左下位置。

4. 方連（英文稱為block）：由四枚或四枚以上未撕離而相連在一起的郵票，構成方形或矩形者，稱做「方連」。

四方連（英文稱為block of 4）：由於有些集郵者喜歡收集四枚組成的方連郵票，集郵術語特稱為「四方連」。

· 「六方連」如德國的柏林在1961年6月15日發行的一款常用普通郵票，面值10分尼，圖案主題是德國最偉大的畫家丟勒Albrecht Dürer（生於1471年—1528年去世）。

同一款郵票的「四方連」

· 美國（US）在1953年11月11日（巴頓將軍的生日）發行一款對巴頓將軍及美國陸軍的裝甲部隊（HONORING GEN.GEORGE S. PATTON, Jr. AND THE ARMORED FORCES OF THE U.S. ARMY）授予尊榮的紀念郵票，面值3分，圖案主圖是戴陸軍便帽的巴頓將軍、帽上有4顆五角將星（美國的上將佩戴4星）、背景是在進攻的兩輛M-46型戰車（取名「巴頓」式）。

巴頓將軍是一位令德軍敬畏的裝甲部隊指揮官，生於1885年11月11日—1945年12月21日去世，1909年畢業於西點軍校。1917年曾隨潘興將軍率領的遠征軍赴法國參加第一次世界大戰。

1939年授命組建裝甲旅，1940年10月1日晉升為准將。1941年4月4日升任少將，7天後成為第2裝甲師長。1942年11月率領西路特遣部隊（Western Task Force）橫渡大西洋登陸北非。1943年3月6日出任第2軍團（II Corps）司令，並於3月12日晉升為中將。1943年7月就任第7軍（Seventh Army）司令，指揮登陸西西里島戰役。1944年任第三軍（Third Army）司令，參與諾曼地登陸作戰的後續主攻，指揮裝甲兵團橫掃歐洲，直到奧地利，九個月期間，造成德軍傷亡及被俘人數多達1,811,388人，解放大小城鎮一萬三千多座，最令史學家讚譽的就是他所率領的第三軍相對傷亡率甚低（僅為德軍的13分之1）。1945年4月14日被擢升為四星上將，戰後出任德國巴伐利亞邦佔領區的軍政首長，1945年10月調任15軍司令。1945年12月9日，在德國的曼海姆（Mannheim）遇車禍受傷，12月21日歿於德國的海德堡（Heidelberg）軍醫院。另有傳說因其主持調查「奧吉黃金案」（二戰中納粹埋藏的一批黃金，據說當時被美軍一些高級將領發現，但沒有呈報國庫，而是私下瓜分）而觸及美軍部分貪污的軍官利益，死於美軍同袍的陷害。

1970年美國的二十世紀福斯（20th Century Fox）公司曾製作一部名為「巴頓將軍」的傳記式戰爭電影，由法蘭克林·沙夫納（Franklin J. Schaffner）執導、喬治·史考特（George C. Scott）飾演「巴頓將軍」。此片於1971年4月15日的第43屆奧斯卡金像獎上，榮獲包括最佳影片在內的數項殊榮，喬治·史考特得到奧斯卡最佳男主角獎，但是他本人拒絕領獎。

不同款郵票的「四方連」

・馬紹爾群島（MARSHALL ISLANDS）在1993年7月10日發行「盟軍聯合入侵西西里島1943年」（Allied Invasion of Sicily 1943，盟軍於1943年7月9日晚上開始，於8月17日獲勝結束）50週年紀念郵票，由四枚不同款的郵票組成四方連，面值均為52分。

左上標題「巴頓將軍」（GENERAL GEORGE S. PATTON, JR.）、圖案：戴鋼盔（上有三顆將星）的巴頓中將，背景左上是美國國旗、右下是當時美軍的M4型主力戰車。

左下標題「美軍登陸利加塔」（AMERICANS LANDING AT LICATA，在西西里島西南部）、圖案：美軍搭乘登陸艇搶灘，左上是傘兵自運輸機躍出空降、右上有一架前來支援的戰鬥機。

右上標題「蒙哥馬利將軍」（GENERAL BERNARD L. MONTGOMERY）、圖案：戴黑扁帽的蒙哥馬利上將，背景右上是英國國旗、左下是英軍的巡弋戰車。

右下標題「英軍登陸西拉古塞的南方」（BRITISH LANDING SOUTH OF SYRACUSE，在西西里島東南部）、圖案：英軍搭乘登陸艇搶灘，上有幾架前來支援的戰機。

5. 連刷郵票

將彼此圖案不同的兩枚或兩枚以上郵票，在印刷時拼連在一起，稱做「連刷郵票」。
如果圖案是連續又屬於同一幅畫，則稱為「同圖連刷」。

同圖連刷

（郵票實際尺寸：圖片尺寸=1：0.9）

如果彼此此圖案不屬於同一幅畫，則稱為「異圖連刷」。

異圖連刷

・匈牙利（MAGYAR）在1956年10月7日發行一套雙連刷郵票（se-tenant），左邊一枚的主題是匈牙利最偉大的作曲家及鋼琴家──李斯特、右邊一枚的主題是波蘭最偉大的作曲家及鋼琴家──蕭邦，面值皆為1Ft，發行本套郵票有多種目的：

（一）促進匈牙利與波蘭邦交情誼。

（二）紀念匈牙利第29屆郵票節。

（三）本套郵票僅在郵展會場連同入場券出售，售價是4Ft。

李斯特和蕭邦曾在巴黎見面，兩人都是當代頗有盛名的鋼琴家，彼此交情不錯，1849年蕭邦臨終之際，李斯特作了一首《送葬》曲，以表哀思。

・民國62年10月31日發行一套曾文水庫落成紀念郵票，採取直型三連刷設計，三款郵票圖案組成曾文水庫鳥瞰全景圖，面值皆為1元

如果是由「四方連」形式組成的「連刷
郵票」，則稱為「四方連刷」。

· 民國70年2月3日發行一套春書郵票以四方連
　為1組，左上是「福」、右上「祿」、右下是
　「壽」、左下是「喜」的草書體字。

6. 小全張、小型張（英文稱為souvenir sheet或miniature sheet）

為了提升集郵的趣味，吸引集郵者購買，郵政當局發行一種特殊的集郵品。印
製比一般全張較小尺寸的紙張，內含1、2或4枚郵票，在郵票周圍的邊紙上加印
和郵票主題相關的精美圖飾和說明文字，現今我國郵政當局將它稱為小型張。
因為在以前稱為小全張，所以至今國內的集郵人士習慣上稱為小全張。

（郵票實際尺寸：圖片尺寸=1：0.7）

· 我國郵政在1991年（民國80年）10月30日發行一款小全張，圖案係擷取「孔雀開屏圖」畫中之
　精華部分，面值20元。原畫由國立故宮博物院珍藏，橫282公分、縱328公分，為清代郎世寧所
　繪。郎氏係義大利米蘭人，1715年來華傳教，由義大利傳教士馬國賢引見康熙帝，奉命學習中國
　畫，1723年奉召入內廷供奉，擅畫人物花鳥動物，其畫風承襲歐洲文藝復興之華美寫實，並於中
　國傳統繪畫中加入西洋光影透視法以及西畫顏料，故其畫作皆色彩濃豔、形象逼真，自創一格。
　圖中兩隻孔雀，一隻開屏立於花下，另一隻則舉步回顧。

（郵票實際尺寸：圖片尺寸=1：0.8）

・我國郵政在1999年（民國88年）12月1日發行一款新年郵票小全張，內含兩組「龍年」郵票、每組兩枚，面值分別是3.50元和13元，小全張的售價33元。

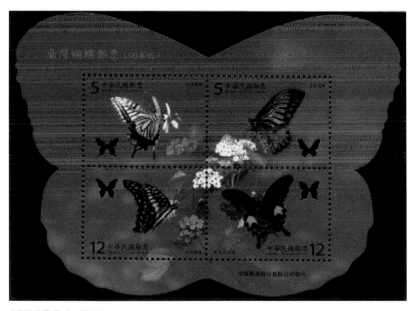

（郵票實際尺寸：圖片尺寸=1：0.8）

・我國郵政在2009年（民國98年）6月25日發行一款小全張，主題是臺灣蝴蝶，內含4枚郵票，面值分別為5元和12元，左上：柑橘鳳蝶、右上：黃裳鳳蝶、左下：綠斑鳳蝶、右下：琉璃翠鳳蝶。

7. 版張（英文稱為sheetlet）

近年來，不少外國郵局為了節省人力處理（少了在全張摺郵票和撕郵票的過程），將整套郵票（少者3、4枚，多者甚至20枚不同圖案）印在同一版張上，英文稱為sheetlet，現今國內的集郵人士稱之為版張，尺寸較小者則稱為小版張。

8. 小冊（英文稱為booklet）

為了方便經常寄信的人攜帶郵票，郵政當局將幾枚常用面值的郵票以方連的形式、外包封面裝訂成一種小冊，因為內含郵票，所以也稱為郵票小冊，在國內集郵界通稱為小冊子。●

· 日本在2009年6月2日發行一組日本開港150週年紀念版張共三款，其中一款是函館（另外兩款是橫濱和長崎）。根據陽曆1859年7月1日（日本的紀元是陰曆：安政6年6月2日）簽訂的日美修好通商條約，箱館（當時函館的漢字表記）成為國際通商港、同時設立「外國人居留地」。版張內含10枚郵票，每一枚面值80日圓，所以版張的售價是800日圓。

①、②是1859年開港初期手繪的「函館真景」，原畫由珍藏者：函館市中央圖書館提供。

③、④是「函館港夜景」，由「後藤昌美」拍攝，從函館山眺望現今的函館港和函館市街的夜景，③中左處碼頭邊停泊一艘船就是已經退役的青函連絡船「摩周丸」。

⑤、⑥描繪自開港起至現今，在港口內航行過的各種船舶，包括日本的帆船、歐美的帆船、汽船，現代的渡船、交通船以及划船。

⑦八幡坂和函館港夜景，由「山口博之」拍攝，遠方發出亮光的就是「摩周丸」。八幡坂是指從函館山麓延伸到函館港的斜坡道。

⑧函館基督正教會，正式名稱為「主復活聖堂」，由「富井義夫」拍攝。

在1860年建造，成為俄國領事館的希臘東正教會禮拜堂，原建築物在1907年被燒毀，現今的教堂建築物在1916年重建，因為是日本最古老的教會之一，所以在1983年被日本政府指定為國家的重要文化財。

⑨舊棧橋和函館港夜景，由「脇屋敏哉」拍攝，前方發出亮光的就是「摩周丸」和舊鐵路車站改裝成的古典汽車展示館。

⑩函館公園和函館港夜景，由「堀町政明」拍攝。

一九九三亞洲國際郵票邀請展
ASIAN INTERNATIONAL INVITATION STAMP EXHIBITION
TAIPEI '93

時　　間：民國八十二年八月十四日至八月十九日	
Date　：Aug. 14—19, 1993	
地　　貼：台北市松山機場外貿協會展覽館	
Venue　：CETRA Exhibition Hall	
地　　址：105 台北市敦化北路 340 號	
Address：No. 340, Tun Hua N. Road, Taipei Taiwan 105	

製年十八　廠製印央中

（郵票實際尺寸：圖片尺寸=1：0.9）

‧為配合宣傳在台北市松山機場外貿協會展覽館
　舉行的一九九三年亞洲國際郵票邀請展，民國
　81年8月14日發行二版燈塔郵票小冊一種，內
　含面值5元郵票10枚，每冊售價50元，郵票的
　圖案主題是位於台灣最北端的富貴角燈塔，票
　幅均為23.5x26.5（公厘），每一枚郵票皆有
　一邊為無齒（亦即其他三邊有齒孔）。

（郵票實際尺寸：圖片尺寸=1：0.9）

· 香港郵政（Hongkong Post）在2012年11月1日發行一款西方十二星座（12 WESTERN ZODIAC SIGNS）郵票小冊子（STAMP BOOKLET），內含12枚自動黏貼郵票（SELF-ADHESIVE STAMPS），每1枚面值港幣1.40圓，小冊子售價Selling Price：16.8圓。

郵票的排列分成上下各一片，每片分成三行、每行兩枚、共有6枚郵票。

· 上片：
左上是山羊座CAPRICORN
右上是水瓶座AQUARIUS
中左是雙魚座PISCES
中右是白羊座ARIES
左下是金牛座TAURUS
右下是雙子座GEMINI

· 下片：
左上是巨蟹座CANCER
右上是獅子座LEO
中左是處女座VIRGO
中右是天秤座LIBRA
左下是天蠍座SCORPIO
右下是人馬座SAGITTARIUS

CHAPTER 2

進入集郵樂趣的天地

CHAPTER 2-1
集郵的由來和如何開始

① 集郵是一種非常高雅的嗜好、也是富有樂趣的休閒活動

② 如何開始集郵

（１）先集用過的舊票，再集還未使用的新票

（２）集新票，先集本國發行的新票，從本國新發行的開始、接著推到近期、最後集早期發行的郵票

（３）集外國發行的新票，可以先按較熟悉的地區、國家開始，或是按自己的興趣收集喜歡的專題郵票

1. 集郵的由來

英國採取低廉的單一郵費政策後，人人都有能力寄信，寄信量大增，郵局開始賺錢，歐美各國也紛紛仿效發行郵票，郵票種類越來越多，於是有人利用使用過的郵票來裝飾牆壁。但是在1880年代以前，大都是青少年和小孩子在收集郵票，當時集郵被認為是小孩子的娛樂活動。到了十九世紀末期，開始有人注意到歐洲強國在各殖民地最初發行的郵票數量並不多，於是在報紙登廣告收購，因而引起最早的大人集郵潮，如果找到有人要收購的郵票轉賣後，可以發筆小財，大人就檢查孩子收集的郵票，希望找出值錢的好郵票。而英國王室自1840年起一直都很喜歡集郵，所以集

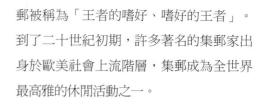

郵被稱為「王者的嗜好、嗜好的王者」。
到了二十世紀初期,許多著名的集郵家出
身於歐美社會上流階層,集郵成為全世界
最高雅的休閒活動之一。

美國的第32任總統「富蘭克林・得拉諾・
羅斯福」(Franklin Delano Roosevelt,生
於1882年1月30日—1945年4月12日去世)
也是一位著名的集郵愛好者。

・英國在1951年5月3日為紀念國家
展覽會開幕,發行一組郵票,其中
面值1英鎊的圖案主題是英國皇室
的徽章、右側是當時的國王喬治
六世(當今女王伊莉莎白二世的父
王)。

・位於非洲中部的盧安達共和國
(REPUBLIQUE RWANDAISE)
在1970年12月21日為紀念羅斯福
總統去世(ANNIVERSAIRE DE LA
MORT DE F.D. ROOSEVELT)25
週年,發行一組郵票,其中面值20
分的圖案主題是羅斯福總統以右手
拿放大鏡欣賞郵票、桌上擺了兩本
集郵冊,左半部的圖案是「布拉索
加特蕾雅・奧林比亞・阿巴」蘭
花(BRASSOCATTLEYA OYMPIA
ALBA)。

・位於法國南部的摩納哥(MONACO)在1947
年5月15日為摩納哥參加1947年5月在紐約市
舉行的(美國第一款郵票發行)百年國際郵展
(EXPOSITION DU CENTENAIRE),發行一組
空運郵寄(POSTE AÉRIENNE)郵票,其中面值
50分的圖案主題是羅斯福總統以右手拿放大鏡欣
賞郵票、雙手之下是一本集郵冊、他的左手邊則
疊放了五本集郵冊。

奧地利共和國（REPUBLIK ÖSTERREICH）自1952年迄今，每年都會發行一款提倡集郵的「郵票日」（TAG DER BRIEFMARKE）附捐郵票，附捐的款項做為推展集郵活動之用。

· 奧地利在1950年12月2日發行的「郵票日」附捐郵票，面值「60＋15g」（格羅銑Groschen的簡寫），圖案主題是集郵家以右手拿放大鏡欣賞信封，後面擺著集郵冊、背景是歐洲地圖。

· 奧地利在1955年12月3日發行的「郵票日」附捐郵票，面值「S1＋25」（1西令Schilling附加 25 Groschen），圖案主題是青少年集郵者在翻閱集郵冊。

· 奧地利在1960年12月2日發行的「郵票日」附捐郵票，面值「3S＋70g」（3 Schilling附加 70 Groschen），圖案主題是以放大鏡察看印製郵票圖案的鑄模版（Die Proof）。

· 奧地利在1962年11月30日發行的「郵票日」附捐郵票，面值「3S＋70g」（3 Schilling附加 70 Groschen），圖案主題是雕刻師正在雕刻印製郵票圖案的模版，彫刻師的左手邊擺了一台放大鏡、左手指前方放了一個小型放大鏡及雕刻刀針。

· 比利時（BELGIQUE · BELGIË）在1978年10月14日發行提倡青少年集郵（PHILATELIE DE LA JEUNESSE · JEUGDFILATELIE）宣傳郵票，面值4.50F，圖案主題是青少年集郵者正在製作展頁。

・位於加勒比海、英國所屬的維京群島（British Virgin Islands）在1981年9月16日發行一組愛丁堡公爵獎（The Duke of Edinburgh's Awards）創立25週年紀念郵票，其中面值10分的圖案主題是「集郵」（Stamp Collecting）。

・面值1元的圖案主題是愛丁堡公爵——菲立普親王肖像。

注：愛丁堡公爵獎就是當今英國女王的王夫——菲立普親王（Prince Philip），在1956年9月1日創立，其宗旨是在獎勵青少年（14至25歲）在一定期間（3至12個月）內完成一項有意義的活動（包括義工、增進體能之健康運動、技能成就、探險旅行），「集郵」也受到是獎勵的活動。

・聯合國（UNITED NATIONS）為提倡集郵在1986年5月22日發行一組宣導郵票包含兩款，圖案的左上、右上印「PHILATELY-THE INTERNATIONAL HOBBY」即「集郵——國際性的嗜好」之意。面值22分的圖案主題是以放大鏡欣賞聯合國在1954年12月10日發行的人權日（HUMAN RIGHTS DAY）郵票（母親抱著小孩）。面值44分的圖案主題是雕刻師左手拿放大鏡、右手拿雕刻針正聚精會神地雕刻印製郵票圖案的模版。

2. 如何開始集郵

為了能長久維持集郵嗜好、又能享受集郵樂趣，對初集者提出參考性的建議：

（1）先集蓋過郵戳的舊郵票

因為從已經郵寄過的郵件可以發現蓋過郵戳的舊郵票，這是初集者的最容易得到舊票的來源，但是種類畢竟有限，如有想增加種類就得向郵商購買或上網站去郵購，除了很少數較特殊的舊票因使用期間很短而價格較新票貴很多，一般的舊票比新票便宜很多，尤其是大量貼用的普通舊票價格甚至只有新票的十或二十分之一，所以集舊票對初集者而言負擔較輕，小朋友也比較買得起。近幾次在台北市舉行的國際郵展，都可以看到外國郵商為了鼓勵初集者以十分低廉的價格出售整袋的各種舊票，例如500種各國舊票才賣新台幣300元，平均一枚舊票才0.60元。

· 清朝光緒四年陰曆七月（民國前34年8月）
　發行的第一組郵票，共三款，圖案都相同、
　中央繪神龍戲珠圖，面值分別是1分銀（刷綠
　色）、3分銀（刷紅棕色）、5分銀（刷橘黃
　色）。

我國郵政在1973年（民國62年）2月7日發行一組民俗郵票
· 面值1元「踢毽子」· 面值4元「漁翁與蚌精」
· 面值5元「跑旱船」· 面值8元「老背少」。

（2）集本國發行的新郵票

如果想收集沒有用過的新郵票，就得用存起來的零用錢或壓歲錢到郵局的集郵
窗購買最近發行的新郵票，再按時間順序往前推，以每十年為一個階段，也就
是第一階段從現在到民國九十年之間在台灣發行的郵票，第二階段從八十九年
推到八十年，接著依此類推，推到三十四年。如果對民國三十五年之前在大陸
發行的郵票有興趣並且負擔得起的集郵者，可以再推到清朝發行的郵票。

・為慶祝工程浩大的翡翠水庫落成，我國郵政在1987年（民國76年）6月6日（工程師節）發行紀念郵票一組，含兩款，面值2元：水壩正面圖、面值18元：水壩側面圖。翡翠水庫計畫溯自民國59年進行規畫，至76年順利竣工，並於6月30日舉行竣工典禮。水庫壩址位於新店溪支流北勢溪之下游，距台北市約30公里。水庫計畫之主要目的為供應台北地區之給水，並利用其水壓設置有7萬千瓦之發電廠一座。水庫蓄水量為4億600萬立方公尺，將可充分滿足台北地區居民至民國119年自來水之需求。

我國郵政在1974年（民國63年）10月31日發行一組以九項大建設為主題的郵票，因在1976年（民國65年）和1977年（民國66年）又發行第二版和第三版，所以本組稱為第一版九大建設郵票。茲將郵票圖案簡介如下：

・面值0.5元的主題是大煉鋼廠：建於高雄臨海工業區，面積約 508公頃。其產品包括鋼板、小鋼坯、條鋼、線材等，建廠目標為每年生產組鋼6百萬噸。在民國66年開始生產。

・面值1.00元的主題是北迴鐵路：北起宜蘭縣的南新城站，南至花蓮市近郊的田埔站，全長約80公里。全線在民國67年底通車。

・面值2.00元的主題是石油化學工業：石油化學中心是開發中國家工業發展之時代象徵。因此，中油公司積極興建第3套輕油裂解設備。第1階段完成以輕油為裂解原料工場，年產乙烯23萬噸，丙烯10萬噸及芳香烴等；第2階段完成以製氣油為裂解原料工場。

・面值2.50元的主題是鐵路電氣化：鐵路電氣化，不僅可增加行車速度及來往密度，而且亦可提高營運量若干倍。此項工程在民國67年底完成後，臺北到高雄之鐵路行程僅需4小時，並且舒適又安全。

· 面值3.00元的主題是臺中港：位於臺灣西海岸，約為基隆、高雄港間航程之半。港區範圍，北起大甲溪南岸，南至大肚溪北岸；西臨臺灣海峽，東至臨港大道及其延長線，面積約為3,970餘公頃。

· 面值3.50元的主題是桃園國際機場：可提供波音747型大型噴射機起降，民國67年完成啟用後之經濟效益，除有助於拓展對外貿易，並可吸引國外觀光客、振興臺灣旅遊業，提升國民就業機會，增加外匯收入及稅收。

· 面值4.00元的主題是南北高速公路：北起基隆，途經臺北、中壢、新竹、臺中、嘉義、臺南等重要都市；南至高雄鳳山。全長373.8公里。

· 面值4.50元的主題是高雄造船廠：建於高雄第2港口，面對臨海工業區，廠房長750公尺，寬175公尺。於民國66年10月完工，同時完成第1艘45萬噸級巨型油輪。

· 面值5.00元的主題是蘇澳港：蘇澳港每年吞吐量原是15萬噸，擴建後每年吞吐量達1,000萬噸；因此擴建後之蘇澳港，不僅本身具有開發價值，而且有助於臺灣北部工業高速發展，及承擔基隆港現有雜貨吞吐量，可促進基隆港朝貨櫃專業港方向發展。

我國發行的郵票有哪些呢？在電腦的網站可以用「中華郵政全球資訊網」去搜尋，然後點選當中「集郵資訊」的「郵票寶藏」，在「郵票寶藏」網頁的左邊有「郵票類別」、「所有分類」、「請選擇年份」三個選項，依序由上而下點入選項內的細項後去搜尋，就可以發現每一細項中各種郵票的圖文說明。

（3）集外國發行的新票

可以從大家較熟悉的香港、澳門地區所發行的新郵票開始，再擴充到日本、美國等外國或其他地區發行的新郵票。●

我國郵政於1971年（民國60年）7月29日第25屆世界少年棒球賽，在臺灣舉行太平洋區預賽揭幕之日發行一組棒球專題郵票。圖案中的運動員服裝係以參加第23屆世界少年棒球比賽榮獲冠軍之我國金龍少年棒球隊為藍本。

· 面值1元：投手之投球姿勢。

· 面值2.50元：守壘者和跑者。

· 面值4元：捕手及打擊手之姿態。

香港在1977年2月7日為英國女皇登基銀禧（25年）紀念而發行

· 面值港幣20分：登基大典時將寶珠呈獻女皇。

· 面值港幣1.30圓：女皇在1975年訪問香港時主持畫龍點睛儀式。

· 面值港幣2圓：象徵王權的寶珠。

香港（HONG KONG）在2009年12月17日發行一組昂船洲大橋（Stonecutters Bridge）郵票，以紀念此地標建築。

昂船洲大橋橫跨通往葵涌貨櫃碼頭的藍巴勒海峽，由昂船洲東面八號貨櫃碼頭的後勤用地，向西伸延至青衣島九號貨櫃碼頭的後勤用地，成為八號幹線青衣至長沙灣段的主要部分。大橋在2004年動工，2009年4月「合龍」（從橋的兩端開始施工，橋段在中間處接攏），2009年12月20日正式通車。

昂船洲大橋全長1,596公尺，屬於雙向三線的高架斜拉橋。主跨幅長達1,018公尺，居全球第二。大橋由兩座高近300公尺（實際高度298公尺）的圓錐形橋塔和224條拉索支撐，橋下的航道淨寬900公尺，淨高73.5公尺，足以讓超級貨櫃船安全通過。

昂船洲大橋以香港路政署於2000年所辦國際橋樑設計比賽的冠軍作品為藍本，兩座橋塔以鋼材與混凝土建造，上半部採用不銹鋼外層，此種混合式結構設計獨特，極富現代感，凸顯香港作為亞洲國際都會的形象。

郵票的圖案畫面從不同角度勾畫昂船洲大橋的遠景近觀，氣勢盡現。以藍天碧海為背景，飛鳥翱翔其中，大橋跨海而立，車船來回往復，呈現科技和環境共融的和諧景象。

‧面值1.40圓：仰望大橋塔樑，高聳入雲。
‧面值2.40圓：遠眺大橋全貌，雄偉壯麗，大型貨櫃船正從橋下通過。
‧面值3.00圓：側望大橋飛架於貨櫃碼頭之上，呈現繁忙興旺景象。
‧面值5.00圓：俯瞰橋塔上拉索如羽扇展開的流線外形，益見建築智慧和美感。

· 澳門（MACAU）在2012年8月8日發行一組同善堂成立120週年紀念（葡萄牙
文120º Anlversárlo da Associação de Beneficência Tung Sin Tong）郵票，
呈四方連方式印製。同善堂是澳門歷史最悠久的華人慈善團體之一，在善心人
士及社會各界支持下，不斷拓展各項慈善事業，對澳門社會的貢獻良多。郵票
圖案描繪了同善堂的四個主要服務包括：面值1.50圓的主題「免費托兒」、面
值2.50圓的主題「免費教育」、面值3.50圓的主題「贈醫施藥」、面值4.00圓
的主題「助貧施濟」。

Chapter 2-2
按照興趣選主題、定範圍

1 按照自己的興趣選擇喜歡的主題
2 設定主要專題範圍，再擴大範圍增加幾類專題
3 如果發現選定的專題範圍太大，可以先縮小到最喜歡的小專題，以後再擴充

因為自從1840年第一款郵票出現後，至今全世界發行的郵票種類實在太多了，除非是國家或財團設立的集郵博物館才有財力和空間去做廣泛性的收藏。一般人如果要將集郵培養成終生的興趣和嗜好，一開始就要依照自己的興趣選擇收集最喜歡的主題以及設定範圍，有了趣味主題的堅持，集郵才能持久。初入門的集郵者剛開始興致勃勃，因為沒有目標和範圍，過不了多久，就會漸漸失去興趣，不想再集了。

依照郵票發行的主旨或圖案而分類的主題，在集郵界的術語稱為專題。按照自己的興趣收集喜歡的專題郵票。

初集者先選擇自己最感興趣的專題做為主要收集範圍，如果你很喜歡作飛機模型，可以將「飛機專題」做為第一優先收集的專

題，然後再擴大範圍增加幾類和「飛機」相近的專題，例如「飛行艇」、「飛行船」、「氣球」等。

· 德意志聯邦郵政（DEUTSCHE BUNDESPOST）在1969年2月6日為德國創辦航空郵務50週年（50 JAHRE DEUTSCHER LUFTPOSTVERKEHR）發行，面值30分尼，主題是德國航空公司（Lufthansa）使用的波音707型長程噴射客機。

· 位於加勒比海的安提瓜（ANTIGUA）在1970年2月16日發行，面值20分，紀念DO-X飛行艇曾飛越該島。DO-X是德國在1929年製造、世界最大的飛行艇。

· 位於加勒比海的格雷納達附屬島（GRENADA GRENADINES）在1988年7月1日發行一組飛船專題郵票，其中面值30分的圖案主題是1944年（第二次世界大戰期間）美國海軍（U.S. Navy）使用飛船在大西洋上空護衛前往歐洲的運輸船團。

· 美國（USA）在1983年發行一組氣球專題郵票（共四款），其中一款面值20分的圖案主題是熱氣球（Hot air ballooning）。

如果你很喜歡畫圖，「名畫專題」可以做為最優先的選擇，但是「名畫專題」的範圍太大了，可以選擇先集本國發行的「近代名畫專題」，再集「故宮古畫專題」，或是選擇「日本古畫專題」、「西洋名畫專題」，後來發現西洋名畫專題的範圍還是很大，就先選最喜歡的幾位名畫家、或是某個時期的名畫，例如文藝復興時期的達文奇、印象派的雷諾瓦所繪作的名畫，以後再將其他喜歡的名畫專題漸漸納入收集範圍。

· 我國郵局在2009年（民國98年）8月7日發行一組臺灣近代畫作郵票（98年版），採三連刷方式印製，左邊一款面值5元主題是「歸途」，中間是紀念2009年集郵節的貼紙、主題是用放大鏡欣賞「歸途」郵票，右邊一款面值25元主題是「雙牛圖」，前述兩幅畫是臺灣畫家林玉山的繪作、由臺北市立美術館典藏。

· 我國郵局在1980年（民國69年）11月12日發行一組故宮古畫專題郵票，將一整幅圖分割成四枚郵票之「四方連聯刷」方式印製，面值皆為5元，圖案選用明代畫家仇英所繪的山水畫。

總之，挑選的專題範圍可大可小，也可以
依照集郵者喜好的優先順序去收集，或是
從範圍較小的專題開始，然後隨著興趣的
增加，再逐漸擴充收集範圍。●

· 日本在1963年10月6日發行一款國際
  文通週間郵票，面值40圓，圖案選用
  日本名畫家葛飾北齋（1760-1849）
  的著名浮世繪版畫「富嶽三十六景」
  之「神奈川沖浪裏」（1831年前後
  繪），此畫令觀者彷彿置身小舟隨波
  起伏，仰望浪頭、遠眺富士山，波濤
  中載浮載沉的小舟，就是當時房總地
  區（現在的千葉縣）用來運送新鮮魚
  貨的運輸船。

· 位於東非內陸的盧安達共和國（Republique
  Rwandaise）在1969年3月31日發行一組和音
  樂有關的世界名畫專題郵票，共八款，其中面
  值6法郎的圖案主題是「雷諾瓦」畫的「彈鋼琴
  的女孩」，現今珍藏於法國的巴黎奧塞美術館
  （Musée d'Orsay, Paris）。

· 義大利共和國（REPUBBLICA
  ITALIANA）在1952年12月31日發行
  一款達文西誕生五百週年紀念郵票，
  面值25里拉（LIRE），圖案主題是達
  文西的素描自畫像。

· 德意志聯邦郵政（DEUTSCHE BUNDESPOST）
  在1952年4月15日發行一款達文西（LEONARDO
  DA VINCI生於1452年，逝於1519年）誕生五百
  週年紀念郵票，面值5分尼，圖案主題就是世界最
  著名的「蒙娜·麗莎」畫像，原畫珍藏於法國的
  羅浮宮。

CHAPTER 2-3
郵票圖案多元化

1960年代初期世界各國的經濟好轉，歐洲各國郵局就開始印製精美的郵票來吸引民眾集郵，另外請藝術家設計各種主題的圖案，因此興起了集專題郵票的熱潮，選擇自己喜好的專題類別去收集。1961年法國發行藝術系列專題郵票後，受到全世界郵迷的喜好，各國郵局紛紛效仿，名畫成為藝術類郵票的最熱門圖案。

1969年美國太空人登上月球成功，各國郵局當然不會放過當時全球最熱門的話題，紛紛發行太空類專題郵票。

· 法國在1971年4月3日發行一款藝術系列專題郵票，面值1法郎，圖案主題是名畫家——米勒（生於1814年—1875年去世）繪作的「篩穀者」，現今珍藏於法國的巴黎奧塞美術館。

1970年代全球經濟進入快速成長期，歐美、日本等經濟大國的人民所得大增，集郵的人口也增多，各國郵局為了滿足郵迷多元化的需求，每逢重大紀念事件，例如每四年舉辦一次的奧運會、世界足球盃比賽以及文學家、音樂家、藝術家、科學家等偉人的誕生週年，都不會錯過好時機發行相關圖案的專題郵票。

・美國在1969年9月9日發行一款航空郵資（AIR MAIL）郵票，紀念美國太空人阿姆斯壯（Neil Alden Armstrong）在1969年7月20日首次登陸月球成功，面值10分，圖案主題是太空人阿姆斯壯走下太空艙的階梯、踏上月球表面，下緣印「FIRST MAN ON THE MOON」即「在月球的第一人」之意。

日本在確定取得1964年的夏季奧運會主辦國之後，就發行一系列（共6次）的奧運會附捐郵票和小全張，附捐款項做為夏季奧運會所需經費。小全張上方印「オリンピック東京大会にちなむ寄附金つき郵便切手」即「因為奧林匹克東京大會而附加捐款的郵票」之意，郵票的圖案主題選用奧運會的比賽項目。

・第1次在1961年10月11日發行，內含三枚面值「5＋5」日圓郵票，圖案主題由左至右分別是「標槍」、「跳水」、「摔角」。

・第2次在1962年6月23日發行,內含三枚面值「5+5」日圓郵票,圖案主題由左至右分別是「柔道」、「水球」、「體操的平均台」。

・第3次在1962年10月10日發行,內含三枚面值「5+5」日圓郵票,圖案主題由左至右分別是「男子籃球」、「划艇」(日文:漕艇)、「擊劍」。

· 第4次在1963年6月23日發行，內含三枚面值「5＋5」日圓郵票，圖案主題由左至右分別是「女子排球」、「拳擊」、「帆船」。

· 第5次在1963年11月11日發行，內含四枚面值「5＋5」日圓郵票，圖案主題由左至右分別是「腳踏車」、「馬術」、「曲棍球」、「手槍射擊」。

・第6次在1964年6月23日發行，內含四枚面值「5＋5」日圓郵票，圖案主題由左至右分別是「獨木舟式的輕艇」、「足球」、「舉重」、「現代五項」。

注：「現代五項」（Modern pentathlon）包括「銳劍」、「手槍射擊」、「200公尺自由式游泳」、「馬術」、「3公里越野賽跑」。

・西班牙在1982年主辦世界盃足球賽，當年6月13日發行一組紀念郵票，共兩款，面值14陪塞塔：雙方球員在爭球，面值33陪塞塔：守門員用手擋球。

札幌オリンピック冬季大会記念

SAPPORO'72

（郵票實際尺寸：圖片尺寸=1：0.9）

· 日本在1972年2月3日發行一款「札幌オリンピック冬季大会記念」（札幌冬季奧運會紀念）小全張，內含三枚郵票，由左至右分別是——

面值20日圓的圖案主題「越野滑雪」、面值50日圓的圖案主題「花式滑冰」（背景：真駒內屋內競技場）、面值20日圓的圖案主題「雙人雪橇」。三枚郵票的上方青藍底色印著各種雪花圖案、中上方印著「1972年札幌（SAPPORO'72）冬季奧運會」的標誌。

注：札幌是日本北海道的道廳所在地、人口最多的都市（2012年9月30日人口統計：1,911,600人）。

· 奧地利共和國（德文國名REPUBLIK ÖSTERREICH印在郵票最下端）在1978年11月17日發行偉大作曲家——修伯特（生於1797年、1828年去世）去世150週年紀念郵票，面值6S（西令），圖案中的修伯特肖像是參考修伯特好友Josef KRIEHUBER所繪的油畫像。

為了配合發展觀光旅遊事業,各國郵局也紛紛發行以名勝古蹟為圖案的風景、建築類專題郵票,近年來也出現以環境保護和保育類動物為圖案的專題郵票。

1. 環境保護專題郵票

我國郵政在1979年(民國68年)6月5日「世界環境日」發行一組環境保護郵票含兩款。

・面值2元「防制污染、還我自然」為主題。
・面值10元「保護環境、人人健康」為主題。

圖案寓意住宅四周之草地、空氣及水源皆須保持清新,以維護環境衛生。

馬來西亞(Malaysia)在2009年6月18日發行一組保護自然(Conservation of Nature)郵票含3款。

・面值馬幣30 sen的主題:潔淨的水(Clean Water)。
・面值馬幣50 sen的主題:新鮮的空氣(Fresh Air)。
・面值馬幣50 sen的主題:綠化(Go Green)。

香港在2011年4月14日發行一組綠色生活（Green Living）郵票。發行主旨：
宣揚綠色生活理念。圖案設計理念：郵票用色清新悅目，以一株嫩綠幼苗點
出綠色生活四大元素，並巧妙地把地球融入設計之中，寓意人類生活與地球
生態息息相關，藉此呼籲大眾珍惜資源，愛護地球。

・面值港幣1.40圓的主題：節約用水（Conserve Water），圖案是綠葉、水龍頭和
　地球。

・面值港幣2.40圓的主題：潔淨空氣（Clean Air），圖案是白雲、地球、綠葉、飛鳥
　和樹木。

・面值港幣3圓的主題：節省能源（Save Energy），主圖是省電的螢光燈、圖案右上
　是地球在燈罩下、圖案左下是綠葉。

・面值港幣5圓的主題：循環再造（Recycle），主圖是象徵循環再造的標誌、圖案左
　上是地球、圖案右下是綠葉、圖案左下是可以回收循環再造的物品。

· 小全張面值港幣5圓的主題：珍愛地球（Treasure the Earth），版面以葉形設計，和綠色生活主題互相呼應，帶出珍愛地球的信息。郵票的主圖是地球長出綠葉，小全張的上方是白雲、右下方是綠樹、飛鳥、騎腳踏車和風力發電的風扇柱子。

2. 保育類動物專題郵票

位於西非的上伏塔共和國（REPUBLIQUE DE HAUTE VOLTA，1984年改名為布吉那·法索BURKINA FASO）在1979年8月30日發行一組保護動物專題郵票包含6款，圖案左上或右上的小圓圈內印一頭熊貓就是「世界野生生物基金會」（World Wildlife Fund，1986年改名為世界自然基金會World Wide Fund for Nature簡稱WWF）的標誌。

· 面值30法郎的圖案主題是赤羚（學名：Kobus kob）。

· 面值40法郎的圖
  案主題是馬羚（學
  名：Hippotragus
  equinus）。

· 面值60法郎的圖案主
  題是獰貓（學名：Felis
  caracal）。

· 面值100法郎的圖案主
  題是非洲象（學名：
  Loxodonta africana）。

· 面值175法郎的圖
  案主題是狷羚（學
  名：Alcelaphus
  buselaphus）。

· 面值250法郎的圖案
  主題是花豹（學名：
  Panthera pardus）。

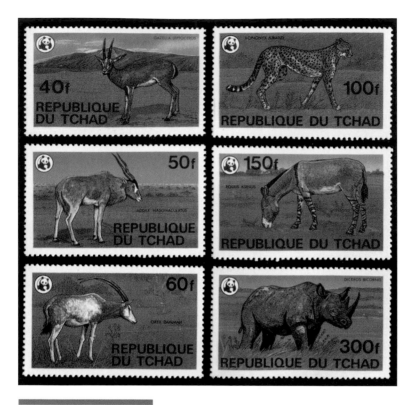

位於中非的查德共和國（REPUBLIQUE DU TCHAD）在1979年9月15日發行一組保護動物專題郵票包含6款。

・面值40法郎的圖案主題是細角瞪羚（學名：Gazella leptoceros）。

・面值50法郎的圖案主題是旋角羚羊（學名：Addax nasomaculatus）。

・面值60法郎的圖案主題是彎角劍羚（學名：Oryx dammah）。

・面值100法郎的圖案主題是獵豹（學名：Acinonyx jubatus）。

・面值150法郎的圖案主題是斑野驢（學名：Equus asinus）。

・面值300法郎的圖案主題是黑犀牛（學名：Diceros bicornis）。

位於西非的多哥共和國（REPUBLIQUE TOGOLAISE）在1984年10月1日發行一組瀕臨絕種動物（ANIMAUX EN VOIE DE DISPARITION印在圖案左側）專題郵票包含4款，以海牛為圖案主題，圖案右側印「LAMANTIN DE L'AFRIQUE OCCIDENTALE（Trichechus Senegalensis）」即「西非的海牛（學名之意為塞內加爾海牛）」，並在左下角印世界自然基金會WWF的熊貓標誌。西非海牛棲息於海岸、河流水域，分佈區域由茅利塔尼亞南部的塞內加爾河（Senegal River）及其支流向南延伸至安哥拉的關札河（Cuanza River），尤其喜歡在平靜的河口和海岸潟湖的水域活動。西非海牛從很久以前就是非洲海岸原住民的肉、油脂的重要來源，在民間傳說中也佔有相當重要的地位，可能是中、西部非洲美人魚神話的由來。

· 面值45法郎的圖案主題是海牛在海中漫游。
· 面值70法郎的圖案主題是海牛浮出海面吃海草。
· 面值90法郎的圖案主題是飄浮中的海牛。
· 面值105法郎的圖案主題是母海牛和小海牛。

馬拉加西民主共和國（REPOBLIKA DEMOKRATIKA MALAGASY）在1988年4月18日發行一組保護動物專題郵票，其中四款以當地瀕臨絕種的狐猴（LEMURIEN）為圖案主題，並印世界自然基金會WWF的熊貓標誌。

‧面值60 FMG法郎的圖案主題是大竹狐猴（學名：Hapalemur simus）。生活於馬達加斯加島的中等體型狐猴，體長26-46公分，喜歡生活在潮濕的茂密竹林中，並且以竹子為主食而得名。

‧面值150 FMG法郎的圖案主題是冕狐猴（學名：Propithecus diadema diadema）。生活於馬達加斯加島東部的雨林，成年冕狐猴的體長約為105公分，其中一半為尾巴長度。

‧面值250 FMG法郎的圖案主題是大狐猴（學名：Indri indri）。大狐猴一般體長可達70公分，是一種棲息於樹的狐猴，只產於馬達加斯加島。

‧面值350 FMG法郎的圖案主題是領狐猴、也稱為黑白領狐猴（學名：Varecia variegata variegata）。體長可達120公分，只產於馬達加斯加島。

3. 聖誕節和十二生肖專題郵票

至於歐美國家大都在11月發行聖誕節郵票，大部分以耶穌誕生的名畫為圖案，主要供民眾貼寄聖誕卡片，而日本、韓國、香港、澳門和我國則發行寄賀年卡貼用的十二生肖專題郵票。

· 美國在1963年11月1日發行一款聖誕節郵票，面值5分，圖案左下是位於華盛頓的白宮、右邊是白宮前草坪上的國家聖誕大樹，聖誕樹頂端的大盞亮燈象徵指引東方博士的明星。通常在12月初由美國總統主持點燈儀式，聖誕燈一直亮到1月上旬或中旬為止。

德意志聯邦郵政（DEUTSCHE BUNDESPOST）和柏林（BERLIN）郵政在1969年11月13日各發行一款聖誕節郵票（WEIHNACHTSMARKE），面值都是「10＋5」分尼，其中的「10」（0的內圈印著明星光芒）分尼當做郵資、附加的「5」分尼當做社會福利捐款，此類郵票稱為附捐郵票。

· （左）聯邦發行：1850年代流行於德國、用鋅片做的玩偶——「出生於馬槽的耶穌，旁邊有四位小天使來慶賀」。

· （右）柏林發行：「三位來自東方的博士（向耶穌）獻上三項寶物」。

由於此類鋅片玩偶（Zinnfigur）造型十分可愛，在當時是最受歡迎的聖誕禮物之一，不僅小朋友喜歡，就連大人也將它收藏起來，如今成為著名的古典玩具。

· 日本在1960年12月20日發行的1961年賀年郵票，面值5日圓，因為當年屬牛年，所以圖案採用可愛的小牛造形鄉土玩具。

4. 國際兒童年郵票

聯合國為了宣導「照顧和關心兒童」，於是將1979年訂為國際兒童年。各國郵政響應該年度活動，發行國際兒童年郵票，國際知名的郵票代理商為了吸引小朋友集郵，於是和迪士尼公司合作，以代理的國家名義，發行最受小朋友歡迎的迪士尼卡通人物專題郵票。

位於加勒比海的安提瓜（ANTIGUA）在1979年3月24日發行一組國際兒童年郵票。

·面值 ½分：米老鼠（MICKY MOUSE）和螺旋槳飛機。

·面值1分：唐老鴨（DONALD DUCK）開著車子。

·面值2分：高飛狗（GOOFY）開著出租車。

·面值3分：米老鼠（MICKY MOUSE）開摩托車、米妮（MINNIE MOUSE）坐在側座廂內。

· 面值4分：由左至右是惠（HUEY）、得威（DEWEY）、路易（LOUIE）共騎協力腳踏車，三隻小鴨是唐老鴨的姊姊（Della Duck）的兒子。

· 面值＄1.00元：齊普（CHIP）和戴爾（DALE）在操控帆船。

· 面值5分：鴨祖母（GRANDMA DUCK）看到雞在小載貨車上玩。

· 面值＄4.00元：唐老鴨（DONALD DUCK）當小火車司機。

· 面值10分：米老鼠（MICKY MOUSE）開吉普車（JEEP）。

‧小全張面值＄2.50元：內含郵票的圖案是高飛狗（GOOFY）搭乘彈力滑翔
　機，下面是米老鼠替唐老鴨和惠、得威、路易等四位拍照。

5. 交通安全專題郵票

進入1950年代，全世界致力於經濟發展，伴隨著客貨運輸量的快速
增長，人車擁向都會區、工業區，形成交通擁塞和車禍事故等安全
問題，各國郵政當局為配合政府宣導注重交通安全、改善交通而發
行相關的專題郵票。●

· 德意志聯邦郵政（DEUTSCHE
BUNDESPOST）在1953年3月30日發
行一款「預防交通事故」（VERHÜTET
VERKEHRS-UNFÄLLE!）的宣導郵票，面值
20分尼，主圖是掩面哭泣的母親抱著遭遇車
禍的孩兒、左上印「注意」的交通標誌。

· 瑞士（HELVETIA）在
1956年3月1日發行一款
「防止交通事故」的宣導
郵票，面值20分，主圖是
兩名學童正通過斑馬線、
左邊印「注意」的交通標
誌、右邊印「注意學童走
過車道」的交通標誌。

· 德意志聯邦郵政（DEUTSCHE
BUNDESPOST）在1965年6月25日發
行一組郵票，紀念在慕尼黑舉行的「國
際交通展覽會」（INTERNATIONALE
VERKEHRSAUSSTELLUNG），其中一
款面值5分尼，圖案是6種交通標誌和
直立式的紅黃綠燈交通號誌。

匈牙利郵政（MAGYAR POSTA）在1964
年9月27日發行一組「交通安全」宣導郵
票含三枚，

· 面值20f的圖案是行人走斑馬線通過車道。

· 面值60f的圖案是注意兒童不可在車道上
玩球。

· 面值1 Ft的圖案是行人通過車道前要先觀看
雙向的來車。

（郵票實際尺寸：圖片尺寸＝1：0.8）

· 美國（U.S.）在1965年9月3日發行一款「停止交通事故」（Stop traffic accidents）郵票，面值5分，主圖是交通號誌亮紅燈、下邊印「enforcement · education · engineering」即「執法 · 教育 · 技術」之意。附圖是首日封蓋「馬利蘭州 · 巴爾提摩」（BALTIMORE, MD）的發行首日郵戳，左上印「在高速公路行進的大車陣」及安全帶、左下印「Promote TRAFFIC SAFETY」、「REDUCE TRAFFIC ACCIDENTS BY MEANS OF SAFETY DEVICES, DRIVER EDUCATION AND IMPROVED HIGHWAYS」即「提升交通安全」、「以安全裝置、開車者教育、改善公路方式減少交通事故」之意。

· 我國郵政當局為促請國人注意交通安全起見，在1965年（民國54年）11月1日發行一組「交通安全」宣導郵票含兩枚，面值分別是1元和4元，圖案相同，左上印「交通安全」宣導標誌，右側是直立式的紅黃綠燈交通號誌、主圖是車輛在路口停車等候行人通過斑馬線。

以色列（ISRAEL）在1966年6月22日發行一組
「交通安全」宣導郵票含5款，圖案主題選用交
通標誌。

· 面值0.02鎊（Pound）的圖案是騎機車戴安全帽。
· 面值0.05鎊的圖案是騎腳踏車打左轉手勢。
· 面值0.10鎊的圖案是行人走斑馬線。
· 面值0.12鎊的圖案是禁止兒童在街道玩球。
· 面值0.15鎊的圖案是小心開車。

· 日本在1967年5
月22日發行一款
「全國交通安全
運動」郵票，面
值15日圓，主圖
是學童正要通過
斑馬線、上方印
橫排式的綠黃紅
燈交通號誌。

德意志民主共和國（DDR即東德）在1966年3月28日發行一組「交通安全」宣導郵票含4款，圖案主題選用交通標誌。

- 面值10分尼的標題是「注視街道交通」（AUGEN AUF IM STRASSENVERKEHR）、圖案是3種交通標誌。

- 面值15分尼的標題是「街道不是遊戲場」（DIE STRASSE IST KEIN SPIELPLATZ）、圖案是汽車、孩童騎兩輪推車。

- 面值25分尼的標題是「及時做出手勢」（GIB DIE RICHTUNG RECHTZEITIG AN）、圖案是手勢、腳踏車騎士打左轉手勢。

- 面值50分尼的標題是「一杯就是太多」（SCHON EIN GLAS IST ZUVIEL）、圖案是機車騎士、救護車和一杯啤酒。

德意志民主共和國（DDR即東德）在1975年9月9日發行一組「為提升交通秩序和安全」（Für hohe Ordnung und Sicherheit）宣導郵票含5款。

- 面值10分尼的圖案是導護學童越過道路。
- 面值15分尼的圖案是女警察指揮道路交通。
- 面值20分尼的圖案是交通警察指引開車者查看地圖。
- 面值25分尼的圖案是交通警察檢查車輛。
- 面值35分尼的圖案是交通義工解說交通標誌。

位於加勒比海、荷蘭所屬的安提列群島（NEDERLANDSE ANTILLEN）在1973年4月9日發行一組「關懷社會和文化」的附捐郵票含3款，附捐款項則贈給各社會和文化機構，圖案主題是「交通安全」。

· 面值「12＋6」分的圖案是行人走過街道的斑馬線和注意的警告號誌。

· 面值「15＋7」分的圖案是交通導護員手拿圓形警告版、兩名學童正通過斑馬線。

· 面值「40＋20」分的圖案是直立式的紅黃綠燈交通號誌、道路、汽車。

中非共和國（REPUBLIQUE CENTRAFRICAINE）在1975年3月20日發行一組「道路標誌」（CODE DE LA ROUTE）宣導郵票含5款。

· 面值5法郎的圖案主題是「禁止進入」（*SENS INTEROIT*）。

· 面值10法郎的圖案主題是「停車」（*STOP*）。

· 面值20法郎的圖案主題是「禁止停放」（*STATIONNEMENT INTERDIT*）。

· 面值30法郎的圖案主題是「學校」（*ECOLE*）的注意標誌。

· 面值40法郎的圖案主題是「交叉路」（*INTERSECTION*）的注意標誌。

CHAPTER 2

127

CHAPTER 2-4
從郵票發現有趣的故事

1 從郵票的圖案發現有趣的童話、民間傳奇、寓言、聖經故事和科幻小說

各國或各地區的郵局為了吸引小朋友收集郵票，所以選擇有趣的故事做為郵票圖案的主題，並且參照故事的主要情節設計出精緻美麗和可愛的圖案。著名童話故事和小說的作者都是世界上有名的文學家，因此他們的肖像也會出現在郵票的圖案上。

我國郵政在1978年（民國67年）8月16日發行一組歷史人物故事郵票，共四款，將圖案主題說明如下：

·面值1元「聞雞起舞」：祖逖（生於公元266-321年去世），晉代范陽人，年少時胸懷大志，和好友劉琨共被同寢，清晨聞雞鳴，即起舞劍習藝。東晉元帝時，為豫州刺史，率兵北渡長江，擊敗胡人石勒，收復黃河以南故土。

· 面值2元「投筆從戎」：班超（生於公元32-102年去世），東漢人，原本是個書生文士，曾經投筆嘆曰：「大丈夫大當效傅介子、張騫立功異域，以取封侯，安能久事筆硯乎。」於是從軍，在東漢明帝時，出使西域三十餘年，平服西域五十餘國，任西域都護，被封立為定遠侯。

· 面值2元「田單復國」：田單，戰國時代的齊國人。燕軍侵齊，連佔七十餘城，僅莒城和即墨未被攻下。田單臨危受命，統率齊軍，以火牛陣擊退燕軍，收復失地，完成復國大業，被封立為安平君。

· 面值5元「擊鼓殲敵」：梁紅玉（生於公元1102-1135年去世）是宋代名將韓世忠的妻子。韓世忠將金兀朮的部隊圍困於「黃天蕩」水澤區，紅玉在戰船上親自擊鼓助戰，振奮士氣，大破金兵，因而被稱頌為抗金女英雄。

注[1]：火牛陣是田單命令士兵用油浸過的葦草綁在牛尾，再用火把點燃牛尾，牛隻疼痛不已，狂奔衝向燕軍營地，燕軍被牛群踐踏或被火燒而潰敗。
注[2]：「田單復國」郵票圖案的右側有一面軍旗，旗中的圓圈內是當時篆體的「齊」字（像似三株禾苗排列整齊）。
注[3]：本套面值共計十元，定價比同時期的套票較低，主要是為了推廣青少年集郵，希望小朋友也能買得起。

· 匈牙利（MAGYAR）在1982年6月4日發行一款郵票，紀念1986年6月5日在布達佩斯（BUDAPEST）舉行的第一屆魯比克方塊（匈牙利文RUBIK KOCKA）世界錦標賽，面值2 Ft，圖案主題是選手正在旋轉魯比克方塊、背景是計時錶（以最少時間回復到每一面都是相同顏色者為冠軍）、右上印第一屆魯比克方塊世界錦標賽的標誌（紅、白、綠三色表示匈牙利的三色國旗）。魔術方塊是一種變化多端的智力玩具，匈牙利布達佩斯建築學院的魯比克（Ernő Rubik）教授在1974年發明。

位於英法兩國間的海峽、英國所屬的澤西島（JERSEY）在1995年10月24日發行一組
聖誕節（CHRISTMAS）郵票，圖案選自著名的童話故事。

・面值19便士、標題是「穿靴子的貓」（PUSS IN BOOTS）。

・面值23便士、標題是「灰姑娘」（CINDERELLA）。

・面值41便士、標題是「睡美人」（SLEEPING BEAUTY）。

・面值60便士、標題是「阿拉丁」（ALADDIN）。

・丹麥（DANMARK）在2005年3月2日為紀
念童話作家——安徒生（H.C. ANDERSEN
1805-2005）誕生兩百週年，發行一組
郵票，其中面值4.50丹麥克朗（Danske
kroner）的圖案主題是安徒生肖像、左上角
是安徒生戴高帽的頭像剪影、左側是安徒生
的簽名。

（郵票實際尺寸：圖片尺寸=1：0.9）

香港在2005年3月22日紀念丹麥的童話作家安徒生誕生兩百週年，發行一組以著名的安徒生童話（Andersen's Fairy Tales）為題材的兒童郵票（Children stamps），圖案設計採用中式剪紙藝術。

- 面值港幣1.40圓的郵票以「醜小鴨」（The Ugly Duckling）為主題，出生不久的醜小鴨被大鴨啄，另外一隻大鴨、五隻小鴨和一隻大公雞在旁圍觀都覺得很驚訝。

- 面值港幣2.40圓的郵票以「小美人魚」（The Little Mermaid）為主題，美人魚公主在海中漫遊，兩旁陪襯著一些海草，左上有兩尾小魚，中下有一顆水母。

- 面值港幣3圓的郵票以「賣火柴的女孩」為主題（The LIttle Match Girl），女孩點燃火柴時，在幻景中看到聖誕節的大餐──「火雞」、「蛋糕」、「水果」及「飲料」等等。

- 面值港幣5圓的郵票以「國王的新衣」（The Emperor's New Clothes）為主題，國王穿著「新衣」在街上遊行。

1. 童話故事：「馬申佳與三隻熊」

在歐洲東部山區有一大片古老森林，附近的村莊流傳許多童話故事，其中一則是敘述一個小女孩名叫馬申佳到森林玩耍遇到驚險的故事。馬申佳是一個聰明活潑的小女孩，個性有點頑皮，家裏後面有一片森林，她的爸爸媽媽知道她很好動，所以經常告誡她：「因為森林裏有大熊會吃人，所以絕對不可以跑進森林。」

過了幾年，馬申佳長高了，她很想到森林裏看看大熊長得什麼模樣，有一天早上她趁著爸爸媽媽到田裏工作，就一個人跑進森林。她沒想到森林是多麼大，走了很久，都沒有看到大熊。忽然看到小草原上有一間木屋，她就走進去，桌子上有些漿果和蜂蜜，這時候肚子正餓，於是就把它吃光。吃完後覺得很累，看到兩張大床和一張小床，她就躺在小床上睡著了。過了中午，有一隻熊爸爸、一隻熊媽媽和一隻小熊回到森林裏的木屋，小熊先進了木屋，看到桌上的漿果和蜂蜜都被吃完了，就問熊媽媽：「誰吃了我的東西？」這時候馬申佳被小熊的叫聲吵醒了，睜開一看有三隻熊在屋子裏，馬申佳嚇死了，趕緊從床上跳下來，立刻衝出屋外，頭也不敢回，拼命地跑，終於跑出森林，回到家裏。從此以後，馬申佳再也不敢去森林了。

· 匈牙利郵政（MAGYAR POSTA）在1959年12月15日發行一組故事專題郵票，其中面值20f的圖案：幼稚園的老師拿著故事書講故事給小朋友聽。面值1Ft的圖案：由左至右是熊爸爸、熊媽媽、小熊和馬申佳，背景是森林裏的木屋，也就是三隻熊的家。

2. 傳奇故事:「穿彩衣的吹笛手」

大概在公元1284年,德國中部有一個叫做「哈梅林」(Hameln)的小鎮,據說那時候正遭受老鼠的侵擾,鎮上的居民用盡了各種辦法,都不能把老鼠趕走或消滅。

有一天,一個身上穿著彩色條紋衣服的吹笛手在鎮上出現,他向鎮上的居民說:「我有一個辦法可以把老鼠趕出鎮外,不過事成以後要付給我一千個金幣做酬勞。」雖然他的要求很高,但是鎮上的居民都急著想把老鼠趕走,只好答應他。穿彩衣的吹笛手吹奏起一支神奇的笛子,老鼠聽到笛聲就跟著他走,吹笛手一直走到鎮外的河邊,所有的老鼠也跟到河邊,吹笛手開始吹起向前衝的急走調,跑進河裏,老鼠都跟著他衝入河裏,全部淹死。可是鎮上的居民卻很後悔,認為吹笛手並沒有費太大的功夫就把老鼠趕走,因此沒有遵照約定,不願付出一千個金幣。吹笛手十分氣憤,悄悄地離開了哈梅林。

到了隔年的聖約翰節,鎮上的大人和小孩都忙著慶祝盛大的節日,這時候穿彩衣的吹笛手又出現了,他仍然吹著那一支神奇的笛子,這一次他是為了報復鎮上的人而來,不過大家對於他的出

· 匈牙利郵政(MAGYAR POSTA)在1959年12月15日發行了一組童話專題郵票,其中面值2.50Ft的圖案:鎮上的小孩跟著穿彩衣的吹笛手離開了哈梅林。

· 德國在1978年5月22日發行了一枚面值50分尼的郵票，圖案是穿彩衣的吹笛手正吹著神奇的笛子，後面跟著一群孩子，最後一個就是拿著柺杖的跛腳小孩。郵票圖案最左的一行德文字「DEUTSCHE BUNDESPOST」，中文就是「德意志聯邦郵政」之意。

現並沒有加以注意。奇怪的事發生了，鎮上的一百三十個小孩和老鼠一樣，都被吹出的笛聲吸引住了，跟著穿彩衣的吹笛手離開了哈梅林，一直走到一座叫做可騙堡的山上後就失蹤了，只留下兩個小孩，其中一個是瞎眼的，另外一個是跛腳的，吹笛手叫他們回去告訴鎮上的人：「這就是不遵守約定的下場。」

3. 寓言故事：「蟋蟀與螞蟻」

春天到了，樹枝長出了葉子與花朵，各種昆蟲在大地上活躍起來，螞蟻是最勤奮的一種，不停地尋找食物，找到了就趕緊通知同伴，大家一起努力將食物搬回洞裏儲存起來。蟋蟀在葉子上邊拉提琴邊唱歌，看見螞蟻努力工作，就嘲笑螞蟻：「春天到處都有食物，何必這麼緊張呢？你們停下來陪我玩一玩吧！」螞蟻回答：「趁著春天大地長出了很多東西，趕快把它積蓄起來，等到冬天就不愁找不到吃的的東西。」可是蟋蟀不聽螞蟻的勸告，仍然在唱歌玩耍，成為春天裏最快活的昆蟲。

日子過得很快，冬天來臨了，天空飄著雪，大地彷彿批上一件厚厚的白色大衣，掩蓋了樹木、花草。蟋蟀找不到吃的東西，又冷又餓，心裏覺得很後悔，只好慢慢地爬到螞蟻的家。螞蟻看到蟋蟀被凍得很可憐，就請他進來取暖，並且拿出食物招待他。蟋蟀非常慚愧地說：「在春天的時候，我真不該嘲笑你

們。你們對我實在太好了，我真不知道要如何感謝你們。」螞蟻說：「別這麼說，只要平時努力工作，就不愁秋天的來臨。」

從這個故事，我們得到一個很好的啟示，就是在平時應該養成儲蓄的好習慣，才能應付緊急的需要。以下四款郵票就是選用本故事的情節做為圖案的主題。

· 位於歐洲中部的匈牙利郵政（MAGYAR POSTA）在1958年3月9日為提倡儲蓄運動，發行一組宣傳郵票，其中面值60f的圖案：在春天的時候，一隻蟋蟀在葉子上拉小提琴，兩隻螞蟻在陽光下搬運食物。

· 阿爾巴尼亞人民共和國（RPE SHQIPERISE）在1975年12月25日，發行了一套童話專題郵票，其中面值35q的圖案：春天的時候陽光普照，螞蟻拿著圓鍬準備去工作，蟋蟀卻拿著吉他。

· 聖馬利諾（SAN MARINO位於義大利中部的小國）在1982年2月19日為紀念儲蓄銀行成立一百週年（CENTENARIO DELLA CASSA DI RISPARMIO印在右上方）而發行，面值300里拉，圖案右邊是螞蟻忙著工作、左邊是蟋蟀正在唱歌。

· 匈牙利郵政（MAGYAR POSTA）在1959年12月15日，發行了一組童話專題郵票，其中面值60f的圖案：就是在冬天下雪的時候，蟋蟀拉著提琴來到螞蟻的家，螞蟻正抽著煙斗，兩手插在腰旁，悠閒地站在屋子前面。

4. 聖經故事：「摩西分開紅海」

第14章第10節：「以色列人舉目看見埃及人趕來、就甚懼怕、向耶和華哀求。」

11節：他們對摩西說：「難道在埃及沒有墳地，你把我們帶來死在曠野麼？你為甚麼這樣待我們、將我們從埃及領出來呢？」

12節：我們在埃及豈沒有對你說過：「不要攪擾我們、容我們服事埃及人麼，因為服事埃及人比死在曠野還好。」

13節：摩西對百姓說：「不要懼怕、只管站住、看耶和華今天向你們所要施行的救恩，因為你們今天所看見的埃及人、必永遠不再看見了。」

· 以色列（ISRAEL）郵政當局為配合在耶路撒冷舉辦的國際郵展（Jerusalem 2010展期11月21日至25日）在2010年11月21日發行一款小全張，售價NIS 8（New Israeli Shekel新的以色列謝克爾），其中含一枚面值NIS 6的郵票，圖案右上印郵展標誌、主題選自聖經故事（BIBLE STORIES）的「摩西分開紅海」（Parting of the Red Sea by Moses）。故事出自舊約聖經出埃及記：埃及的法老原先答應摩西率領以色列人離開埃及，等到以色列人走了之後，法老卻反悔而率領六百輛馬拉的戰車追趕。

14節：「耶和華必為你們爭戰、你們只管靜默、不要作聲。」

15節：耶和華對摩西說：「你為甚麼向我哀求呢？你吩咐以色列人往前走！」

16節：「你舉手向海伸杖、把水分開。以色列人要下海中走乾地。」

17節：「我要使埃及人的心剛硬，他們就跟着下去，我要在法老和他的全軍、車輛、馬兵上得榮耀。」

18節：「我在法老、和他的車輛、馬兵上、得榮耀的時候，埃及人就知道我是耶和華了。」

21節：「摩西向海伸杖，耶和華便用大東風、使海水一夜退去，水便分開、海就成了乾地。」

22節：「以色列人下海中走乾地，水在他們的左右作了牆垣。」

23節：「埃及人追趕他們，法老一切的馬匹、車輛、和馬兵、都跟着下到海中。」

24節：「到了晨更的時候，耶和華從雲火柱中向埃及的軍兵觀看、使埃及的軍兵混亂了。」

25節：「又使他們的車輪脫落、難以行走，以致埃及人說、我們從以色列人面前逃跑罷、因耶和華為他們攻擊我們了。」

26節：耶和華對摩西說：「你向海伸杖、叫水仍合在埃及人和他們的車輛、馬兵身上。」

27節：「摩西就向海伸杖，到了天一亮，海水仍舊復原，埃及人避水逃跑的時候、耶和華把他們推翻在海中。」

28節：「水就回流、淹沒了車輛和馬兵，那些跟着以色列人下海的法老全軍、連一個也沒有剩下。」

5. 科學幻想小說的鼻祖——裘里・維恩

「環遊世界八十天」是一部科幻小說，相信不少讀者曾經讀過。至於作者——裘里・維恩（Jules Verne）是何許人？公元1828年2月8日，出生於法國中西部的南特（Nantes），位於羅瓦河（Loire）的下游，瀕大西洋的商港。許多航海家從此揚帆出發，遠渡重洋，經商貿易、探險採礦成功歸來，建築雄偉城堡、豪華府第，維恩從小就渴望有朝一日也能加入這個令人羨慕的行列。

1839年的夏天，維恩才11歲就偷偷地前上一艘帆船，不料在出海前被發現，回到家受到痛罵。他的父親是位律師希望他能繼承衣缽，高中畢業後將他送到巴黎學法律。但是文學、戲劇卻比法律更吸引他，因而起了新念頭：希望成為一位聞名世界的大文豪。

維恩不顧父親的反對，決定在巴黎從事寫作生涯。當時巴黎有位出版商很想推出將教育和娛樂融匯成一體的新讀物，維恩的作品正合出版商的構想，以「驚奇的旅行」為大標題，吸引不少讀者。維恩從出版商和讀者得到鼓勵和建議，於是創作許多符合時代新潮流的小說。當時正值產業革命時代，教育逐漸普及、經常出現新發明的產品，希望在書本上找到樂趣的讀者也與日俱增，而以往的文學作品卻無法滿足讀者的新需求。他們所渴望的是認識新發明的產品以及對於未來的影響，維恩的作品不僅滿足讀者的需求，他更進一步地將他的幻想、未來觀引導讀者的前瞻思維，所以文史學家尊稱他是世界級的前進思想家，更是一位未來學的大祖師。

他一共寫了八十部小說，大致可分為兩大類，一類是旅遊記事，充滿了浪漫氣氛，內容冒險刺激，情節扣人心弦，相當引人入勝，「環遊世界八十天」就是最著名的代表作。另一類就是預測未來的科學幻想小說以當代的科學知識為基礎，推測未來的各種交通工具，幻想奇異有趣的未來旅行，包括空中、地面、海面、海底，甚至地底、月球、太空都成為故事題材的背景，最著名的代表作是「海底兩萬浬」與「從地球到月球」。

維恩在1905年3月24日去世，享年79歲，留下豐富的科學文化資產，作品流傳至今，提供不少發明的啟示，令人敬佩的是作品中筆下的怪物、情節日後成為真實，因此維恩被公認為科學幻想小說的鼻祖。●

· 法國在1955年6月3日發行，紀念維恩去世50週年，面值30法郎，圖右是維恩晚年的肖像，背景是「海底兩萬浬」中鸚鵡螺號（Nautilus）潛水艦的內摩（Nemo）艦長站在甲板上瞭望，這是第一枚為紀念維恩而發行的郵票。（美國的第一艘核子潛艦取名鸚鵡螺號，在1958年成功地穿過北極冰帽）

· 法國在1979年5月5日發行，紀念當年5月5日至7日法國集郵協會在南特舉行第52屆全國大會（左上角○內印的是法國集郵協會的標誌），面值1.20法郎，圖案左邊是十九世紀中期時南特海港內的遠洋帆船、右邊是現今仍然保存的城堡，整個圖案正好顯示維恩少年時代的故鄉情景。

位於法國南部的摩納哥（MONACO）在1955年6月7日發行一組郵票，紀念維恩去世50週年，每一枚郵票都印有維恩的作品法文原名。

· 面值1法郎的標題：《在氣球五個星期》（5 SEMAINES EN BALLON），在1863年出版的第一部小說（所有出版作品的第三部），描寫一位探險家、忠實僕人和隨行好友共同搭乘氣球橫越非洲中部的探險旅行。圖案是氣球的吊籃用繩索綁在大象的象牙，探險家在吊籃內可以眺望遠方及下面的景色。

· 面值2法郎的標題：《一座浮動城市》（UNE VILLE FLOTTANTE），圖案中上是維恩的肖像，左邊是一艘19世紀的大型蒸氣輪船、右邊是依維恩的幻想情節由現代畫家描繪的海上浮動城市，上有跑道可供飛機起飛和降落，相當於現代的航空母艦或是超大型巡遊客船。

· 面值3法郎的標題：《蒸汽小屋》（LA MAISON A VAPEUR），左邊是維恩筆下由大象牽引的蒸汽小屋、右邊是現代的蒸汽小屋──坦克車。

· 面值5法郎的標題：《米謝·史特羅哥夫》（MICHEL STROGOFF）是本書男主角的姓名，在1876年發表，描寫俄國沙皇時代一位青年軍官奉命前往西伯利亞執行特殊任務所遭遇的一切，日文翻譯本稱為《皇帝密使》。

· 面值6法郎的標題：《貴婦的五億元》（LES 500 MILLIONS DE LA BEGUM），BEGUM是指印度回教徒中的貴婦或王妃，圖案是一門巨砲。

· 面值8法郎的標題：《壯麗的歐雷諾給》（LE SUPERBE ORENOQUE），ORENOQUE是指流經南美洲東北部的ORINOCO河，描寫前往該河流域探險的小說，圖案右下方是一頭美洲豹。

· 面值10法郎的標題：《地球中心旅行》（VOYAGE AU CENTRE DE LA TERRE），在台灣可以買到翻譯本的書名有《地心探險記》、《地心歷險記》、《地底旅行》等，圖案右邊是探險家剛進入地球內部的穴道，左邊是探險隊乘坐木筏在地底的海上發現兩隻巨龍正在大決鬥。

· 面值15法郎的標題：最著名的代表作《環遊世界八十天》（LE TOUR DU MONDE EN 80 JOURS）圖中是起點倫敦塔橋，上是印地安酋長，右是中國人，下是印度人，左是日本婦女。

· 面值25法郎的標題：著名的代表作《海底兩萬浬》（VINGT MILLE LIEUES SOUS LES MERS），左邊是阿羅那教授（ARRONAX）正在鸚鵡螺號潛艦內觀看海中生物，右邊是現代潛艦以探照燈照海底。

· 面值200法郎：著名的代表作《從地球到月球》（DE LA TERRE A LA LUNE），圖案左邊是大砲彈發射成功時，圍觀群眾高聲歡呼，右邊是本套郵票發行當時畫家筆下的太空火箭。

· 面值30法郎的標題：圖案上方是維恩肖像，下方是美國第一艘核子動力潛艦鸚鵡螺號（USS NAUTILUS），命名取自維恩名作《海底兩萬浬》中的鸚鵡螺號潛艦，1958年成功地穿過北極冰帽，使得蘇聯的最高領導階層大為震驚。

位於西非的多哥共和國在1980年7月14日發行一組維恩去世75週年紀念郵票，共含六枚，圖案的最下印法文國名「REPUBLIQUE TOGOLAISE」、最上方印兩行法文「75e ANNIVERSAIRE DE LA MORT DE JULES VERNE」即「裘里‧維恩去世75週年紀念」之意。

‧面值30F主題是維恩晚年畫像。

‧面值50F主題選自「海底兩萬浬」中的情節，左上印法文書名「Vingt Mille Lieues sous les Mers」。鸚鵡螺（Nautilus）號潛水艦航行到印度洋中的錫蘭島附近，內摩艦長（Captain Nemo）和阿羅那教授（Professor Arronax）在海底潛游，察看世界著名的珍珠採集場，當時有一位採珠潛水夫受到鯊魚攻擊，內摩艦長持刀前去解救，後來潛水夫或就被送到潛水艦內，成為內摩艦長的屬下。

‧面值60F主題選自「從地球到月球」中的情節，右上印法文書名「De la Terre à la Lune」。冒險家阿丹（Ardan）首先進入載人的大砲彈，站在入口處向送行者揮手致意並且大聲喊叫：「神奇萬歲」，尼科爾爾船長（Captain Nicholl）緊跟著走上去，最下是大炮俱樂部（Gun Club）的會長巴比肯（Barbicane）正爬上木梯。

‧面值80F主題是選自「環遊世界八十天」中的情節，右邊印法文書名「Le Tour du Monde en quarter-vingts Jours」。男主角弗格先生（Fogg）的男僕琶塞帕圖（Passepartout）在印度密林中用計救出將被迫殉葬的美女阿歐達（Aouda），趕緊跳上藏在樹林裏的大象脫離險境。

‧面值100F主題選自「從地球到月球」中的情節，左上印法文書名「De la Terre à la Lune」。大砲彈奔向月球，圖案中的大砲彈被畫家描繪成幻想中的一列太空火車。

‧面值200F主題選自「海底兩萬浬」中一個緊張的情節，右上印法文書名「Vingt Mille Lieues sous les Mers」。加拿大籍的海底探險家尼得蘭（Ned Land）被大章魚的觸角捲住，內摩艦長穿潛水衣手持斧頭趕來搭救，附近有些海底星魚。

位於西非的馬利共和國（REPUBLIQUE DU MALI）在1980年6月30日發行一組維恩去世75週年紀念郵票，共含四枚，圖案主題是選自「環遊世界八十天」（法文書名：Le Tour du Monde en 80 Jours 印在右側）及「從地球到月球」（法文書名：De la Terre a la Lune印在右側）中的情節，本套的最大特徵就是郵票的形狀成三角形，並且附一枚無面值的三角形貼紙。本組剛發行時，由於票形與設計都很特殊，而且面值又低（當時美國郵商的零售價才1.20美元），因此吸引不少郵迷購買，後來曾經造成郵商調不到貨的罕見現象。

· 面值100F主題選自「環遊世界八十天」中的情節，圖上是當時越洋的蒸汽輪船、圖左是男僕「琶塞帕圖」提著行李、弗格先生挽著美女阿歐達，圖右是三人乘火車經過美國西部時受到印地安人的攻擊。和郵票相連貼紙的圖案主題是1980年代最風光的協和（Concorde）式超音速噴射客機，最快時速可達2300公里，繞地球一周只要24小時，從100年前的80天縮短為1天。

· 面值100F主題是協和式超音速噴射客機。和郵票相連貼紙的圖案主題是「環遊世界八十天」中1870年代越過大海洋的最快速的交通工具——輪槳汽船（paddle steamer）最快時速可達26公里。

· 面值150F主題選自「從地球到月球」中的情節，圖最左是地球、圖左及上是大砲彈奔向月球、圖右是進入大砲彈的三位勇士。和郵票相連貼紙的圖案主題是太空人在月球上探測、背面是地球。

· 面值150F主題是「登陸月球」，圖左是登月太空船、圖上是地球、圖右是登月太空人。和郵票相連貼紙的圖案主題是「從地球到月球」中的大砲彈。

CHAPTER 2-5
近年興起的專題郵票

1. 能源專題郵票

由於進入21世紀後，新興國家的產業迅速發展，導致石油消耗量大增，但是全球石油的年產量僅有小幅成長，因此石油價格逐年攀升，能源議題成為全球性的熱門話題，各先進國家則更積極研究開發新的替代性能源。能源專題在全球集郵界也成為最新的收集對像，沒有蘊產石油、天然氣的國家更是致力開發新的環保性能源，如太陽能、風力、生物化學能源等，近年來也發行「可再生性能源」專題郵票。

能源專題郵票又可分為「水力、火力發電」、「石油」、「原子能及核能發電」以及「可再生性能源」（Renewable Energy）等類專題。

「可再生性能源」就是源自大自然的能源，例如太陽能、風力、潮汐能、地熱等取之不盡、用之不竭的能源，也是相對於會耗竭的不可再生能源的一種能源。

「不可再生能源」（Non-Renewable Energy）就是無法經過短時間再生的能源，例如煤炭、石油、天然氣等化石燃料和核能等。下述兩組能源專題郵票中的能源都屬於「不可再生能源」。

馬拉加西共和國（REPOBLIKA MALAGASY）在1962年10月18日發行一組馬達加斯加工業化（INDUSTRIALISATION DE MADAGASCAR）宣傳郵票，其中三款和能源有關。

・面值5法郎：標題「電力化」（ÉLECTRIFICATION），圖案是發電廠。

・面值8法郎：標題「原子能」（ÉNERGIE ATOMIQUE），圖案是計畫興建的原子反應爐、右上是原子的象徵符號。

・面值10法郎：標題「RECHERCHES PÉTROLIÈRES」（探索石油），圖案是探鑽石油的鐵架塔。

注[1]：在1993年改國名為馬達加斯加共和國（法文République de Madagascar）。

注[2]：該國經濟非常落後，被列為世界上最貧窮國家之一，根本無法興建原子反應爐。

英國在1978年1月25日發行一組英國所生產的能源專題郵票。

・面值9便士：標題「OIL」（石油），圖案主題是位於北海的產油平台。

・面值10 ½便士：標題「COAL」（煤），圖案主題是煤礦出入口建築物。

・面值11便士：標題「NATURAL GAS」（天然瓦斯），圖案主題是天然瓦斯的火焰。

・面值13便士：標題「ELECTRICITY」（電力），圖案主題是核能發電廠及鈾的原子結構圖。

水力、火力發電

・之前的蘇聯（Союз Советских Социалистических Республик，簡稱CCCP）時期，於1946年12月23日發行，面值30коп（копейка），圖案主題是「得聶伯河水壩及發電廠」。該壩（舊名Dneprostroi）位於烏克蘭境內的得聶伯河（原意為很遠的河）下游，1927年動工興建，1932年10月啓用，第二次世界大戰期間受到嚴重破壞，水壩和發電廠分別在1944年和1949年重建修復，現今水壩高度61公尺，壩頂（crest）長度800公尺。

・波蘭（POLSKA）在1952年8月7日發行，面值1ZŁ（ZŁOTY），圖案主題是「耶窩茲諾火力發電廠（ELECTROWNIA W JAWORZNIE）」。耶窩茲諾（JAWORZNO）位於波蘭南部，第二次世界大戰期間德國所設置的奧許威茲集中營（German concentration camp of Auschwitz）即位於此區內。大戰後，波蘭將該區發展為重要工業中心，以當地盛產的煤礦做為火力發電廠的燃料。

· 波蘭（POLSKA）在1952年12月15日發行一組空運郵資郵票（LOTNICZA），面值30ZŁ（ZŁOTY），圖案主題是「俄國製的里蘇諾夫Lisunov Li-2型旅客機飛越波拉布加水壩」（PORABKA）。波拉布加水壩位於奧許威茲（波蘭文：Oświęcim）的南部，水壩高度38公尺，壩頂（crest）長度260公尺，1953年開始運轉。

· 法國（FRANCE）在1948年9月21日發行，面值12法郎，圖案主題是「安省的熱尼西阿水壩」（BARRAGE DE GENISSIAT–AIN）。位於法國東部安（AIN）省的安茹—熱尼西阿，1937年至1947年興建，引入隆河（Rhône）之河水，水壩高度104公尺，壩頂（crest）長度165公尺，壩頂厚度9公尺，，壩基座厚度57公尺，提供水力發電廠平均每年可發電17億千瓦小時（kWh）。

· 法國（RÉPUBLIQUE FRANÇAISE）在1956年10月6日發行一組科技成就宣傳郵票，其中一款面值12法郎的圖案主題是「洞澤—蒙得拉貢水壩」（DONZÈRE-MONDRAGON）。因引入「洞澤—蒙得拉」運河（長24公里）之河水而得名，1947年開始興建，1952年10月25日完工啓用，裝置六部渦輪發電機組，提供水力發電廠平均每年可發電21.4億千瓦小時（kWh）。「洞澤」、「蒙得拉貢」都是位於法國南部的小鎮。

· 位於中歐的捷克斯拉夫（ČESKOSLOVENSKO）在1956年2月20日發行一組「第二次五年計畫1956年—1960年」（DRUHY PETILETY PLAN）宣傳郵票，其中一款面值5h（Haleru）的圖案主題是「水力發電廠」。

· 日本在1956年10月15日發行一款佐久間（Sakuma）水壩（ダム Dam）竣工記念郵票，面值10日圓，圖案主題是水壩的洩洪道。左岸位於靜岡縣濱松市天龍區佐久間町、右岸位於愛知縣北設樂郡豐根村，建於天龍川的本流中游部。

在1951年開工興建，1956年完工，壩面高155.5公尺，壩頂長度293.5公尺，主要做為水力發電之用，兼調節洪水之用，利用該水壩的佐久間發電所和新豐根發電所合計最大發電量為147萬5,000千瓦。佐久間水壩採用近代機械化施工法，確保施工品質和時限，因而成為日本在第二次世界大戰後興建水利工程的新里程碑，以及之後興建各水壩的基準典範。

· 中國在1957年12月30日發行一款「治理黃河遠景」郵票，面值4分，標題「電力2300萬千瓦」，圖案主題採用三門峽水壩和發電廠。

三門峽水利工程在黃河中上游段建設，連接河南省三門峽市及山西省平陸縣。也是在黃河上修建的第一座大型水庫。工程於1957年4月動工，1961年4月基本建設完成投入運用，壩面高106公尺，壩頂長度2000公尺，也稱為三門峽大壩、三門峽水庫。壩體上有「黃河安瀾，國泰民安」八個鑲紅色大字。壩後石柱即為「中流砥柱」中的砥柱石。

注：1958年，在三門峽工程開工一年後，陝西的有遠見人士仍在極力反對三門峽工程。理由是：沿黃流域水土保持好就能解決黃河水患問題，無須修建三門峽工程，但三門峽工程並沒有因此停止。1960年，大壩基本建體竣工，並開始蓄水。1961年下半年，陝西人士的擔憂變成現實：15億噸泥沙全部淤積在從潼關到三門峽的河道裏，潼關的河道抬高，渭河成為懸河。關中平原的地下水無法排泄，田地出現鹽鹼化甚至沼澤化。

由於規劃和設計的先天不足，迫使工程在投入運用不久就不得不進行兩次改建，三次改變運用方式。1964年12月決定在樞紐的左岸增加兩條泄流排沙隧洞，將原建的5～8號4條發電鋼管改為洩流排沙鋼管，簡稱為「兩洞四管」。1969年6月又決定實施第二次改建，挖開1～8施工導流底孔，1～5號機組進水口高程由300公尺降到287公尺。1990年之後，又陸續打開了9～12號底孔。

2003年8月27日至10月，渭河流域發生了五十多年來最為嚴重的水災。共有1080萬畝農作物受害，225萬畝農作物無法收成。這次洪水造成了多處決口，數十人死亡，515萬人口受災，直接經濟損失達23億元。但是這次渭河洪峰僅相當於三五年一遇的洪水流量，因而陝西省方面將這次水災的原因歸結為三門峽高水位的運用，導致潼關附近河段泥沙淤積程度居高不下，渭河倒灌以至於「小水釀大災」。2004年，陝西省人民代表大會代表建議三門峽水庫立即停止蓄水發電，請求國家採取綜合治理措施，以徹底解決渭河水患。

· 位於西非的象牙海岸共和國（REPUBLIQUE DE CÔTE D'IVOIRE）在1959年10月1日發行第一組航空郵務（POSTE AERIENNE）郵票，其中一款面值500法郎的主題是「阿亞沫水壩」（BARRAGE D'AYAMÉ），圖案是水壩和水力發電所。

阿亞沫水壩位於該國東南部阿亞沫湖（Lac d' Ayamé）附近。

· 位於西非的象牙海岸共和國（REPUBLIQUE DE CÔTE D'IVOIRE）在1961年11月18日發行，面值25法郎的主題是「阿亞沫水壩」（BARRAGE D'AYAMÉ），圖案是水壩正在洩洪和水力發電所。

奧地利共和國（REPUBLIK ÖSTERREICH）在1962年3月26日發行一組電力產業國營化15週年（德文：15 JAHRE VERSTAATLICHTE ELEKTRIZITÄTSWIRTSCHAFT印在圖案之上緣）紀念郵票，內含六款，圖案主題採用發電廠。

· 面值1西令：圖案是位於卡普倫（在奧地利的西部山區）的摩塞波登水庫（KAPRUN-SPEICHER MOOSERBODEN）的套稜水力發電廠（TAUERNKRAFTWERKE A.G.）。

· 面值1.50西令：圖案後方是位於依布斯—朴森柏（YBBS-PERSENBEUG在奧地利北部濱臨多瑙河的兩個小鎮）的奧地利——多瑙河水力發電廠（ÖSTERR. DONAUKRAFTWERKE A.G.），前方是多瑙河為便於船舶航行的電動水閘。

· 面值1.80西令：圖案是位於呂那湖（LÜNERSEE 在奧地利的最西端山區）的弗拉爾山水力發電廠（VORARLBERGER ILLWERKE A.G. KRAFTWERK）。

・面值3西令：圖案是位於格羅斯拉明（GROSSRAMING 在奧地利中部的小村）的恩茲水力發電廠（ENNSKRAFTWERKE A.G.）。

・面值4西令：圖案是位於比杉山（BISAMBERG在奧地利東北部的小村）的奧地利電力公司發電廠的變電所（VERBUNDGESELLSCHAFT UMSPANNWERK）。

・面值6.40西令：圖案是奧地利得勞電力公司（ÖSTERREICHISCHE DRAUKRAFTWERKE A.G.）的聖安德蕾（位於奧地利南部的市鎮）蒸汽動力發電廠（DAMPFKRAFTWERK ST. ANDRÄ）。

・西南非（South West Africa 簡稱SWA）在1976年11月19日發行，面值20分，標題是魯阿加那水力發電「RUACANA hydro-electric power・hidroëlektriese krag（南非文）」，圖案是魯阿加那瀑布。發電廠位於納米比亞北部和安哥拉交界處，毗鄰苦内呢河（Kunene River）的魯阿加那瀑布而得名。

注：西南非原為德國的領地在1915年被南非軍隊佔領而成為託管地，1968年6月，聯合國大會決議將西南非改名為納米比亞NAMIBIA，1990年3月21日獨立。

為紀念石門水庫完工、我國郵政當局在1964年6月14日發行一組石門水庫紀念郵票，內含四款，其中三款和水力發電有關。

· 面值0.80元：圖案是石門水庫的後池堰。

· 面值3.20元：圖案是石門水庫的大壩及發電廠。

· 面值5.00元：圖案是石門水庫的溢洪道。

希臘（ΕΛΛΑΣ）在1965年4月14日發行一組國家電力計畫宣傳郵票，內含七款，圖案主題採用發電廠。

· 面值Λ. 20：圖案是滔羅波斯（ΤΑΥΡΩΠΟΣ在希臘中部）水壩和人工湖。

· 面值Λ. 50：圖案是拉洞（ΛΑΔΩΝ在伯羅奔尼撒半島上）河水力發電廠。

· 面值ΔP. 1：圖案是普托雷買斯（ΠΤΟΛΕΜΑΪΣ在希臘北部）動力發電廠。

· 面值ΔP. 1.50：圖案是洛羅斯（ΛΟΥΡΟΣ在希臘西北部）河水壩。

· 面值ΔP. 2.50：圖案是阿利維理翁（ΑΛΙΒΕΡΙΟΝ在希臘東部）動力發電廠。

· 面值ΔP. 4.50：圖案是帖沙羅尼加（ΘΕΣΣΑΛΟΝΙΚΑΗ希臘第二大都市，也是希臘北部最大都市）水力發電分廠。

· 面值ΔP. 6：圖案是阿格拉斯（ΑΓΡΑΣ）河水力發電廠內部設備。

· 土耳其共和國（土耳其文國名TÜRKİYE CUMHURİYETİ）在1966年6月10日發行，紀念克班水壩（KEBAN BARAJI）開始動工，面值50 KURUŞ，圖案是克班水壩正在洩洪。克班水壩位於土耳其東部、幼發拉特（Euphrates）河的上游，在1966年動工興建、1972年完工，壩面高207公尺，壩頂長度1097公尺，水力發電廠裝置8部水沖式渦輪機組。

· 敘利亞阿拉伯共和國（SYRIAN ARAB REPUBLIC）在1968年4月11日發行空運郵寄（AIR MAIL）郵資郵票，面值12½P（Piaster），主題是「幼發拉特的水壩計畫」（EUPHRATE'S DAM PROJECT），圖案是計畫中的水壩越過幼發拉特河、右側印輸電鐵架高塔、中下印「800 MW.」即發電量「800百萬瓦」之意。

· 美國（USA）在1983年5月18日發行一款「田納西河谷管理局」（Tennessee Valley Authority簡稱T.V.A.）成立50週年紀念郵票，面值20分，圖案是「水壩和水力發電廠」。

田納西河谷管理局成立於1933年5月18日，是大蕭條時代羅斯福總統規劃專責解決田納西河谷一切問題的機構，總部位於美國田納西州的諾克斯市（Knoxville）。整體規劃水土保持、糧食生產、水庫、發電、交通等，成為環保和生產全方位導向的一個整體解決方案機構，獲得極大的成功，經營至今。當時成立的最大考量是羅斯福總統提出新政（New Deal）計畫的具體實現，解決大蕭條時代的嚴重失業問題和提高糧食生產量以及提供廉價的水力發電量，以興建多功能水壩和水力發電廠為主軸。至2012年管理局共有11座燃煤火力發電廠、29座水力發電廠、3座核能發電廠、14座瓦斯發電廠。

石油

· 之前的蘇聯（Союз Советских Социалистических Республик，簡稱CCCP）時期，於1968年10月31日發行一組「蘇維埃地質學」（СОВЕТСКАЯ ГЕОЛОГИЯ）郵票，面值10 коп（копéйка），主題是「在沙漠探鑽石油」，圖案是探鑽石油的鐵架高塔、右旁地面上停了一架直升機。

· 位於北非的阿爾及利亞共和國（REPUBLIQUE ALGERIENNE）在1962年11月1日發行，面值0.95法郎，圖案左側是位於「哈西─梅紹得」（HASSI–MESSAOUD）的鑽油鐵架塔、右下是油田旁的駱駝騎士，背景是通到地中海的輸油管線，由南至北經過「圖古特TOUGGOURT」、「賈碼DJAMAA」、「比斯克拉BISKRA」、「母西拉M'SILA」、「西地·愛齊SIDI AICH」，到達「布宜BOUGIE」（現今稱為Béjaïa瀕地中海的港市）。

注：「哈西─梅紹得」位於撒哈拉沙漠中的小鎮，1956年在當地探鑽到石油，油田位置大概在東經6度、北緯32度，1958年開始生產，每天的平均產量約40萬桶，是阿爾及利亞最大的油田。

位於中東的杜拜（DUBAI）在1964年發行一組郵票「紀念杜拜在海上探勘石油1964年3月15日」（COMMEMORATING OIL EXPORATION AT SEA, DUBAI 15th MARCH, 1964），離海岸線120公里處的海底探勘到石油。

· 面值60 NAYE PAISE：圖案左邊是杜拜的元首——「謝克·拉西得·賓·沙依得」（Sheikh Rashid bin Said生於1914年－1990年去世），主題是海上鑽油平台。

· 面值75 NAYE PAISE：圖案左邊是杜拜的元首——「謝克·拉西得·賓·沙依得」，主題是石油鑽掘船（drillship）及船上的鑽油鐵架塔。

（郵票實際尺寸：圖片尺寸=1：0.8）

杜拜（DUBAI）在1969年10月13日發行一組石油專題郵票。

杜拜聯合阿布達比（Abu Dhabi）和其它五個酋長國於1971年12月2日成立了阿拉伯聯合大公國（United Arab Emirates）。

· 面值5 DIRHAMS：標題是「CONSTRUCTION OF THE WORLD'S FIRST UNDERWATER OIL STORAGE TANK（21,000,000 Gallons）」即「興建世界第一座水下石油儲存庫（容量2千1百萬加侖）」之意，圖案是正在興建的世界第一座水下石油儲存庫，取名「KHAZZAN DUBAI No.1」即「卡讚·杜拜一號」之意。

- 面值35 DIRHAMS：標題是「THE WORLD'S FIRST UNDERWATER OIL STORAGE TANK （21,000,000 Gallons）」即「世界第一座水下石油儲存庫（容量2千1百萬加侖）」之意，圖案是完工的「卡讚杜拜一號」石油儲存庫。
- 面值60 DIRHAMS：標題是「COMMEMORATING FIRST OIL EXPORT 1969」即「紀念首次石油輸出1969年」之意，圖案左邊是海上鑽油平台、中間是杜拜的元首——「謝克·拉西得·賓·沙依得」。
- 面值1 RIYAL：標題是「FATEH OIL FIELD」即「法特油田」之意，圖案是海上產油平台和直升機起降平台。

位於中非的剛果人民共和國（REPUBLIQUE POPULAIRE DU CONGO）在1973年3月20日發行一組航空郵務（POSTE AERIENNE）郵票，圖案主題是該國在黑岬的石油設施「CHANTIER PETROLIER DE POINTE-NOIRE」。

- 面值180法郎：標題是「STOCKAGE A DJENO」即「碟諾的儲油庫」、之意。
- 面值230法郎：標題是「TÊTE DE PUITS」即「（在海上的）鑽探油井臺」之意，
- 面值240法郎：標題是「FOREURS AU TRAVAIL」即「工人組裝鑽探器」之意，
- 面值260法郎：標題是「PLATEFORME DE PRODUCTION」即「（在海上的）產油平臺」之意，

注[1]：碟諾離黑岬港都約30公里。
注[2]：黑岬港都是該國第二大都市，重要石油工業中心，中部非洲主要產油地之一。

原子能及核能發電

‧中國在1958年12月30日發行一組郵票,紀念在北京的中國第一座原子反
應爐及迴旋加速器啓用,面值8分的圖案主題是原子反應爐(大陸稱為原
子反應堆)。面值20分的圖案主題是迴旋加速器。

‧法國(RÉPUBLIQUE FRANÇAISE)在1959年5月23日發行一組科
技成就宣傳郵票,其中一款面值20法郎的圖案主題是「馬爾庫勒原
子中心」(CENTRE ATOMIQUE DE MARCOULE),圖案左邊
是輸電高架鐵塔、右上是原子的象徵符號。

該中心位於法國南部隆河畔,在「亞威農」(Avignon)西北約25
公里處,當地核能發電廠在1952年興建。發電用爐的1號機組在
1956年1月7日開始運轉發電至1968年10月15日停止運轉,發電用
爐的2號機組在1956年7月21日開始運轉發電至1980年2月2日停止
運轉,發電用爐的3號機組在1959年6月8日開始運轉發電至1984
年6月20日停止運轉。現今該中心則在做使用過「鈽」(英語:
Plutonium)的再利用處理以及核子彈頭的研究。

南斯拉夫(JUGOSLAVIJA/斯拉夫文:ЈУГОСЛАВИЈА)在
1960年8月23日發行一組「在貝爾格勒舉辦的核能展覽」
紀念郵票,包含三款。

‧面值15第那(Dinar)的圖案主題是「在留布里亞那的原子加
速器」(AKCELERATOR ČESTICA LJUBLJANA),南斯拉夫在
1991年解體後,留布里亞那成為斯洛維尼亞(Slovenija)的首
都,位於該國的中部。

· 面值20第那（Dinar）的圖案主題是「在札格雷布的中子源發電機」（NEUTRONSKI GENERATOR ZAGREB），南斯拉夫在1991年解體後，札格雷布成為克羅埃西亞（Croatia）的首都，位於該國的北部。

· 面值40第那（Dinar）的圖案主題是「在貝歐格拉得的原子反應爐」（NUKLEARNI REAKTOR BEOGRAD），南斯拉夫在1991年解體後，貝歐格拉得成為塞爾維亞（Srbija／英文：Serbia）的首都，位於該國的中部。

▎再生能源

· 位中歐的捷克斯拉夫（ČESKOSLOVENSKO）在1981年6月10日發行一組「社會主義成就展覽」宣傳郵票，其中一款面值2Kčs（Koruna王冠之意）的圖案主題是「耶斯羅夫·波夫尼切（JASLOVSKÉ BOHUNICE）原子能發電廠」。圖案左下是控制室、中間是熱廢棄排出塔、右邊是變電所的輸電線鐵塔。

注：耶斯羅夫·波夫尼切現今位於斯洛伐克（Slovakia）的西部，該廠在1958年8月1日起興建、1972年12月25日起營運，包含V-1和V-2分廠，各分廠有兩座反應爐機組，此四座是之前蘇聯設計的VVER-440加壓水式反應爐（pressurized water reactors）。由於V-1分廠的機組已經老舊，第一座反應爐在2006年底關閉、第二座反應爐在2008年底關閉。2009年5月，捷克和斯洛伐克總理共同宣佈將在當地興建新式反應爐。

西班牙郵政（España Correos）在2009年2月20日發行一組可再生能源（Energias Renovables）專題郵票，包含4款。

· 面值0.32歐元：標題是「水力能源」（ENERGÍA HIDRÁULICA），圖案是水庫和水力發電。
· 面值0.43歐元：標題是「風力能源」（ENERGÍA EÓLICA），圖案是風扇發電機。

· 面值０.６２歐元：標題是「太陽能源」
（ENERGÍA SOLAR），圖案是太陽光的熱能。
· 面值０.７８歐元：標題是「地熱能源」
（ENERGÍA GEOTÉRMICA），圖案左邊一
排向上的水象徵地底高溫的熔岩將附近的地
下水加熱，加熱過了的水最終會滲出地面就
是溫泉。右邊一排向下的水象徵地面的水滲
入地層內。

位於非洲南部的波札那（BOTSWANA）在2010年發
行一組能源專題郵票，包含4款。

· 面值Pula 2.60標題「ENERGY SOURCES & USES」、
「COAL FOR NATIONAL POWER GRID」即「能源和利
用」、「煤用於國家電力網」之意，圖案是一家人坐在沙
發椅上觀看電視。

· 面值Pula 4.10標題「SOLAR POWER VOLTAIC PANELS」
即「太陽能光電板」之意，圖案是一位波札那婦女在使用
手機，背景是茅屋前豎立了一根太陽能光電板的柱子。

· 面值Pula 5.50標題「ENERGY SOURCES & USES」、
「DIESEL LOCOMOTIVE」即「能源和利用」、「柴油機
關車」之意，圖案是柴油機關車和司機。

· 面值Pula 6.10標題「CFLS SAVE MONEY & ENERGY」即
「緊湊型螢光燈省錢和能量」之意，圖案是專家對民眾說明
省電的CFL緊湊型螢光燈（也就是彎曲形的日光燈）。

注：CFL係Compact Fluorescent Lamp之簡稱。

瑞典在2011年3月24日發行一組「天然動力」郵票小冊，內含4款郵票，每款並無印面值、只印「BREV」（瑞典文：信件）表示適用郵寄國內信件基本重量──20公克，售價6瑞典克朗。

· 左上：標題是太陽能（SOLENERGI），圖案是陽光和太陽能板。

· 右上：標題是風力（VINDKRFT），圖案是風扇發電機。

· 左下：標題是生物質能源（BIOENERGI），圖案是含有高油質的樹葉及所提煉的植物油槽。

· 右下：標題是浪潮力（VÅGKRAFT），圖案是浪潮旋轉發電機。

2. 世界遺產專題郵票

聯合國教育科學文化組織

世界遺產（World Heritage）是一項由聯合國所贊助支持，交付聯合國教育科學文化組織（United Nations Educational, Scientific and Cultural Organization簡稱UNESCO聯合國教科文組織）負責執行的工作計畫，以保存對全世界具有歷史或文化價值的事物為目的。世界遺產可分為自然（Natural）遺產、文化（Cultural）遺產以及自然和文化複合（mixed）遺產等三大類。

· 我國郵政在1958年（民國47年）11月3日發行一組聯合國教育科學文化組織新廈落成紀念郵票，包含四枚，面值分別是0.20元、0.40元、1.40元、3.00元，圖案相同、主題都是新建大廈之鳥瞰全景。該組織成立於1946年11月4日，其總部辦事處設在法國巴黎，當年我國亦派有常任代表駐在該處。

法國政府在巴黎的芳提諾瓦廣場（Place Fontenoy）撥地7.5英畝，供該組織總部建造新辦公處及集會場所。自1954年4月破土動工，集合世界各國最傑出之建築和裝潢專家，共同研究設計，並由8國著名工程公司承包建造。於1958年11月3日落成並舉行開幕典禮，各會員國均派代表參加。

緣起和由來

1959年，埃及政府為解決尼羅河洪水氾濫及確保灌溉用水於是決定修建阿斯萬高壩（Aswan High Dam壩高111公尺），但是壩築好之後蓄水將淹沒尼羅河谷中珍貴的努比亞古蹟（Nubian Monuments），如阿布·心貝（Abu Simbel）神殿。1960年聯合國教科文組織發起了「努比亞行動計畫」，阿布·心貝神殿和菲蕾（Philae）神殿等古蹟在專家指導下技工們小心翼翼地切割分解，然後運到高地，一塊一塊地再組合起來，完成遷移大工程。

此項維護行動共耗資八千萬美元（依物價指數比較約合目前的

十億美元），其中有四千萬美元是由五十多國家籌款得來。此項維護行動被公認非常成功，並且促成了其他類似的維護行動，例如挽救義大利的水都威尼斯、巴基斯坦的摩恩就答羅（Mohenjo-daro）城遺址、印尼爪哇島中部的婆羅浮屠（Borobodur）等。之後，聯合國教科文組織會同國際古蹟遺址理事會（International Council on Monuments and Sites）起草了保護人類文化遺產的協定。

1965年美國提議將文化和自然合起來進行維護。世界自然保護聯盟（The International Union for Conservation of Nature）在1968年也提出了類似的建議，並於1972年在瑞典首都斯德哥爾摩（Stockholm, Sweden）提交聯合國人類環境會議討論。1972年11月16日，聯合國教科文組織大會在巴黎舉行的第17屆會議通過了「保護世界文化和自然遺產公約」（*Convention Concerning the Protection of the World Cultural and Natural Heritage*）。

世界遺產的認定是聯合國教科文組織的世界遺產委員會經由開會投票決定，該委員會於1976年成立。選出世界遺產的目的在於呼籲人類珍惜、保護、拯救和重視地球上獨特的自然景點和文化資產。

被認定為世界遺產不只是一種榮譽，也是旅遊的金字招牌，登上榮譽榜後更能吸引觀光客，更是對遺產保護的鄭重承諾。當世界遺產遭受天災、人禍時，可以得到全世界的協助救濟，保存原蹟、恢復舊觀。

世界遺產申請及審核
申請國首先需對本國具有重大意義的文化和自然遺產列出一份詳細清單。該單被稱為提案單（Tentative List），未列入提案單的遺產不能提出申請。然後該國可以從提案單中選出一處遺產，列入

提名表中。世界遺產中心（The World Heritage Centre）會對如何準備一份詳盡的提名表提供建議和協助。

提交世界遺產中心的提名表，由國際古蹟遺址理事會和世界自然保護聯盟兩機構做獨立審核。之後，評估報告被送到世界遺產委員會。委員會每年舉行一次會議討論決定是否將被提名的遺產登錄到世界遺產列表中。有時候，委員會會延期做出結論並要求申請國提供更多的資料。一處遺產必需是具有「傑出、普世價值性」並且符合以下十個評審要項（criteria）之一方可被列入世界遺產。

文化遺產之評審要項：

一、代表人類創造精神的傑作；

二、透過建築或技術、有紀念意義的藝術品、城市規劃或景觀設計，展現在一段時期內或在一個文化區域中進行人文價值的重要交流；

三、獨一無二或至少是非常特別地代表了一種文化傳統，或是一種現存或已經消失的文明；

四、某一工程、建築、技術整合或景觀的傑出典範，並且展示出人類歷史上的某一段或幾段非常重要的時期；

五、一種或幾種文化中人類傳統的居住方式、利用土地或海洋的傑出典範，或是代表了人類和環境的互動關係，尤其是此種關係在不可逆的變化下顯得非常脆弱時；

六、直接或明確地和某些具有傑出、普世價值性的事件、現存的

傳統、思想、信仰、文化作品或文藝作品相連繫（委員會認為此要項必須和其它要項做更好地綜合評審）；

自然遺產之評審要項：

七、具有特殊的自然美或美學重要性的、無可比擬的自然現象或區域；

八、突出典範代表地球歷史上的主要階段，包括生物記錄、在地形發展中，具有意義重大的地質性進行過程或是重要的地質或地形的特徵；

九、突出典範代表在陸地、淡水、沿海和海洋生態系統和動植物群落的演化及發展中，具有意義重大、正持續進行的生態學和生物學過程；

十、包含對在原址上保護生物多樣性最重要和意義重大的自然棲息地，包括該等從科學或保護的觀點來看具有普世價值而受威脅的物種。

文化遺產之定義

文化遺產是指具有歷史、美學、考古學、科學、民族學或人類學價值的紀念文物、建築群和遺址。

文化遺產之三種類別

文化遺產並不只是狹義的建築物，而凡是與人類文化發展相關的事物皆可被認可為世界文化遺產。而依據《世界文化與自然遺產保護條約》第一條之定義文化遺產包含以下三類：

一、紀念文物（monuments）：從歷史、藝術或科學的觀點來

看，具有傑出、普世價值性的建築作品、紀念性的雕塑作品和繪畫，具有考古性質成份或結構的碑銘、洞穴或複合體。

二、建築群（groups of buildings）：從歷史、藝術或科學的觀點來看，在建築式樣、分佈或與環境景色結合方面，具有傑出、普世價值性的建築個體或相連接的建築群。

三、遺址（sites）：從歷史、美學、人種學或人類學的觀點來看，具有傑出、普世價值性的人造建物或人類與自然的共同傑作及考古遺址等。

至2012年底，全世界共有962處世界遺產，其中文化遺產有745處，自然遺產有188處，文化和自然複合遺產有29處。總共有188個世界遺產公約締約國中的157國擁有世界遺產。

阿布‧心貝神殿

位於埃及最南部和蘇丹交界處，原先位置在尼羅河西岸，因為1959年埃及政府決定修建阿斯萬高壩（Aswan High Dam壩高111公尺），但是高壩築好後的蓄水將淹沒尼羅河谷中珍貴的阿布‧心貝神殿（埃及最吸引觀光客的古蹟之一），於是埃及政府在1959年4月6日向聯合國教科文組織向申請援助，希望將阿布‧心貝神殿遷到較高的山頂上。神殿的拆遷工程自1964年開始，首先將神廟拆成1036塊，每塊重約7至36噸，經仔細編號後，一塊一塊地遷到比原址高65公尺、離河岸200公尺的高地上，再加以重新組合復建，至1968年全部完工，費用共計八千萬美元（依物價指數折算，約合現今之十億美元）。阿布‧心貝神殿在1979年被聯合國教科文組織列入文化類世界遺產。

神殿的興建

神殿在公元前1284年由當時的埃及法老王「雷姆西斯二世」
（Pharaoh Ramesses II，生於公元前1302年，公元前1279年登基，
公元前1213年去世，新王國時代第19世王）下令開始起造，其目
的是藉著由雷姆西斯二世自己宣稱為紀念在卡得許之役獲勝，來
威鎮埃及南部努比亞的鄰邦，並且加強埃及宗教對該地住民的影
響，經過二十年，在公元前1264年完工。

注：卡得許之役Battle of Kadesh發生於公元前1285年，地點位於敘利亞西部，
對手是希臺提Hittite帝國，馬拉的戰車五千輛參戰，雙方互有勝負，但是埃及軍
隊損失較為慘重

一座大的和一座小的神殿

大的神殿獻給當時埃及最主要的三位神「拉‧哈拉克提」（Ra-
Harakhty太陽神）、「普塔」（Ptah開啟之神）、「阿蒙」
（Amun眾神之王），其實是「雷姆西斯二世」將自己神格化為
「拉‧哈拉克提」而為自己建造的神殿。

小的神殿獻給當時埃及象徵愛和幸運的女神「哈特后」（Hathor
後來被做為母愛和美貌之神），而「哈特后」之擬人化身像就是
雷姆西斯二世最寵愛的王后「內菲塔莉」（Nefertari生於公元前
1292年逝於、公元前1225年），據傳說雷姆西斯二世有兩百個妃
妾，生了九十個兒女。其實是「雷姆西斯二世」為「內菲塔莉」
而建造的神殿。

大神殿是雷姆西斯二世在位時規模最宏偉、也是最富麗堂皇的
神殿，它是將一座岩山挖鑿而成，神殿的正面高33公尺、寬38公
尺、深入洞中約60公尺，守護神殿的四尊巨大石雕坐姿神像是直
接在岩壁上雕刻而成，每尊高20公尺，神像是採用雷姆西斯二世

戴上雙重冠冕（表示統治上埃及和下埃及）遠眺整個埃及的神韻，位於入口左側的一尊上半身毀於地震、僅留下半身部分，神像的足下有幾座較小雕像表示雷姆西斯二世的家族成員，包括他的母后「圖雅」（Tuya）、王后「內菲塔莉」和他的兒女。入口的上方是一座「拉·哈拉克提」正面雕像，兩旁岩壁畫著雷姆西斯二世向「拉·哈拉克提」崇拜。

大神殿的內部採用三角形規劃，從入口到最內部的至聖所（舉行向神祭拜的隱密所在），呈現越往內處空間則越小的格局。進入第一大廳發現八尊（在中間通道的左右各四尊）立姿神像背靠石柱，頭像是仿雷姆西斯二世，整座造形是象徵歐西里斯（Osiris，亦拼成 Usiris 烏西里斯，是埃及神話中的冥王、也是生育之神和農業之神），牆壁上的壁飾描述埃及王朝征服利比亞、敘利亞和努比亞的事蹟，包含卡得許之役的戰況。第二廳是描繪「雷姆西斯二世」和「內菲塔莉」以及「阿蒙」和「拉·哈拉克提」的祭祀船。至聖所內有四尊坐姿神像分別表示「拉·哈拉克提」、「普塔」、「阿蒙」和「雷姆西斯二世」，而最奇特之處就是設計師將它建造成每年只有兩天太陽光可以穿過入口直接照射到至聖所內部，但光線只會照到三位神像，長達20分鐘之久，最左邊的黑暗之神，卻不會被陽光照到，分別是2月20日和10月20日兩天的日出時分，由此可以證明古埃及人已擁有精準的太陽曆法和先進的建築技術。（現址升高後，日期改為22日）

小神殿位於大神殿的北方，神殿的正面有六尊石雕立姿神像是直接在岩壁上雕刻而成，每尊高10公尺，入口處左右各三尊，排列順序是兩尊「雷姆西斯二世」雕像中夾著一尊「內菲塔莉」，在石像腳旁也雕著雷姆西斯二世和內法塔莉升的12名子女像。進入內部大廳發現六根石柱（在中間通道的左右各三根）上有「哈特

后」女神像頭，廳內的壁畫描述「雷姆西斯二世」征伐的故事，以及「雷姆西斯二世」向「普塔」神獻祭、「內菲塔莉」向「哈特后」神獻祭、塞特（Seth力量之神）和荷魯斯（Horus鷹頭人身守護神）冊封「雷姆西斯二世」為神明的情景。小神殿最內部的至聖所供奉一尊立姿「哈特后」女神像。

神殿的重現

「雷姆西斯二世」興建大規模的神殿，耗盡新王國歷代君主所累積的財富和當時埃及的人力（包括將戰俘變奴工），以致國勢衰微，後世的朝代無力派人照顧，附近的沙漠逐漸向神殿延伸。在公元前六世紀，沙土已堆高到殿前神像的膝蓋，之後神殿入口被沙土封堵，逐漸被人遺忘。直到1813年，瑞士籍的東方文化學者（Swiss orientalist）伯克哈德（Johann Ludwig Burckhardt生於1784年、逝於1817年）發現神殿正面最頂端的帶狀雕飾。伯克哈德將他的發現告知義大利探險家「喬凡尼·貝左尼」（Giovanni Belzoni生於1778年、逝於1823年），「喬凡尼·貝左尼」得知後趕往神殿，卻無法挖出通往神殿的入口。1817年「喬凡尼·貝左尼」重返神殿遺址，終於完成他的心願找到入口，進到神殿內，帶走了所有值錢的和可以攜帶的寶物。

· 埃及在1964年5月15日發行一款阿斯萬高壩完工紀念
郵票，面值10M（埃及幣值：一千米厘等於一埃及鎊
1000Milliemes =1Pound），圖案主題是尼羅河水
流經阿斯萬高壩的鳥瞰圖，右下印一句英文「HIGH
DAM DIVERSION OF THE NILE FLOW MAY 1964」
即「1964年5月高壩改變尼羅河水流」之意。

新壩高111公尺、長約3公里，使得集水區水位上升70
公尺，成為湖面平均寬10公里、長550公里的納塞湖
（Lake Nasser紀念埃及第二任總統）

埃及在1965年10月24日發行一組國際合作援救努比亞古蹟（INTER. COOP. IN
SAVING MONUMENTS OF NUBIA）宣傳郵票，共三款。

· 面值5M，圖案主題是阿布·心貝神殿正面入口處上方的「拉·哈拉克提」雕像，右下印一尊
「雷姆西斯二世」石雕像，左上印國際合作年（INTERNATIONAL COOPERATION YEAR聯
合國宣布1965年為國際合作年，呼籲會員國共同合作援助埃及搶救努比亞古蹟）標誌。

· 面值10M，圖案主題是菲蕾神殿的廊柱雕刻像，中下印聯合國徽章。

· 面值35M，圖案主題是阿布·心貝神殿正面右邊兩尊「雷姆西斯二世」石雕坐姿像，中右印
聯合國教科文組織徽章。

位於西非的幾內亞共和國（法文國名RÉPUBLIQUE DE GUINÉE）在1964年11月19日發行一組援救努比亞古蹟（法文SAUVEGARDE DES MONUMENTS DE NUBIE印在郵票圖案的最左側）宣傳郵票，共五款。

· 面值10F（法郎FRANC之簡寫），圖案主題是小神殿內的壁飾描述「伊西絲」（Isis古埃及之生育女神）和「哈特后」女神為「內菲塔莉」加后冠。

· 面值25F，圖案主題是小神殿內的壁飾描述「雷姆西斯二世」在戰場上攻打敵人的事蹟。

· 面值50F，圖案主題是基座淹入尼羅河中的人面獅身雕像。

· 面值100F，圖案主題是大神殿中「雷姆西斯二世」手握著圓弧柄仗（象徵權柄）和連枷（象徵力量）的立姿石雕像。

· 面值200F，圖案主題是大神殿正面「雷姆西斯二世」巨大坐姿石雕像的腿部和足盤部。

・位於西非海岸的象牙海岸共和國（法文國名REPUBLIQUE DE CÔTE D' IVOIRE）在1964年3月7日發行一款援救努比亞古蹟（法文SAUVEGARDE DES MONUMENTS DE NUBIE印在郵票圖案的最下緣）宣傳郵票，面值60F，圖案主題是大神殿正面「雷姆西斯二世」巨大坐姿石雕像和小神殿的「內菲塔莉」石雕像。

位於西非的上伏塔共和國（法文國名REPUBLIQUE DE HAUTE-VOLTA1984年8月4日改名為布吉・納法索BURKINA FASO）在1964年3月8日發行一組援救努比亞古蹟（法文SAUVEGARDE DES MONUMENTS DE NUBIE印在郵票圖案的右下）宣傳郵票，共兩款，圖案主題相同選用大神殿正面「雷姆西斯二世」巨大坐姿石雕像。

・面值25F・面值100F

位於西非的尼日共和國（法文國名REPUBLIQUE DU NIGER）在1964年3月9日發行一組援救努比亞古蹟（法文SAUVEGARDE DES MONUMENTS DE NUBIE印在郵票圖案的最下緣）宣傳郵票，共三款，圖案主題相同選用大神殿中「雷姆西斯二世」手握著圓弧柄仗和連枷的立姿石雕像。

・面值25F・面值30F・面值50F。

・位於中非的查德共和國（法文國名 REPUBLIQUE DU TCHAD）在1964年 3月9日發行一組援救努比亞古蹟（法文 SAUVEGARDE DES MONUMENTS DE NUBIE印在郵票圖案的最上緣）宣傳附捐郵 票，共三款，圖案主題相同選用大神殿壁飾中 「蕾姆西斯二世」在卡得許之役中從馬拉戰車 上射箭的情景。

面值10F＋5F，面值25F＋5F，面值50F＋ 5F。面值中「＋5F」稱為附捐5F〈法郎〉做 為援救努比亞古蹟之捐款，以「10F＋5F」 為例，購買時需付款15F〈法郎〉，其中10F 〈法郎〉做為郵資、5F〈法郎〉做為捐款。

菲蕾神殿遺址

菲蕾在埃及文是「遙遠之地」、「終了」、「小島」等意思，菲
蕾神殿原先位於阿斯萬（Aswan）以南8公里、尼羅河的菲蕾小島
上。1902年英國人統治埃及時在阿斯萬興建一座低霸，使得尼羅
河的水位上升，遇到洪水時淹到神殿基座。之後在1907–12 年間
及 1929–34年間又增高兩次，使得菲蕾神殿經常浸泡在河水中，
只有每年7月至10月水壩閘門開啟時間，神殿整體才得以露出水
面。1959年埃及政府決定修建阿斯萬高壩，神殿將被尼羅河水淹
沒。1960年聯合國教科文組織接受埃及政府的申請，展開搶救行
動，決定將菲蕾神殿切割成一塊一塊、然後遷到地勢較高的阿吉
爾奇亞（Agilqiyyah亦稱為Agilkai離舊址西北方550公尺，島長
460公尺、寬150公尺）島上再組合修復，至1980年3月完成全部遷

移工作。菲蕾神殿在1979年被聯合國教科文組織列入文化類世界遺產。

菲蕾神殿之興建

埃及神話將排名第二位大神——伊西絲（Isis）女神鎮守菲蕾島，在該島上生下天空之神——荷魯斯（Horus鷹頭人身的埃及守護神），因此該島被視為神聖不可侵犯之地，在遠古時代沒有任何建築。直到第30代王朝時有小規模的建築，到了托勒密王朝的二世法老——菲拉德弗斯（Ptolemy II Philadelphus 生於公元前309年，公元前281年登基，卒於公元前246年），才開始有大規模的建設。托勒密三~八世都曾陸續修建。古埃及滅亡後，埃及的基督教徒（稱為Coptes）曾在此地躲避宗教迫害，將它修改為教堂，按音譯稱為科普特教堂（Coptic Church）。

島上的主體建築物經過三百多年陸續施工完成，由於主事者是希臘裔的托勒密王朝和早期的羅馬帝國，所以建築物呈現希臘式和羅馬式風格。主神殿是供奉和祭祀伊西絲女神，其餘神殿是供奉和祭祀伊西絲女神的兒子荷魯斯和哈特后女神。

菲蕾島上的神殿及建築物

・主要建築物

主要建築物位於菲蕾島的中西部，西南邊沿河畔有一長排廊柱稱為西柱廊，內側也有一排略短廊柱稱為東柱廊。西柱廊的最南端有一座由埃及法老王內克塔內波一世（Nectanebo I在位期間公元前380年至362年）下令興建的亭臺是島上最古老的建築物，柱亭東側的階梯是現代觀光客搭船登陸的地點。東柱廊的最南端有一座由托勒密四世下令興建的「阿稜蘇菲斯」（Arensuphis努比亞神明）神殿，東柱廊的最北端有一座「音和特普」（Imhotep公

元前2780年─前2760年法老王的宰相）神殿，該廟北方是托勒密二世之門，門的西側是托勒密六世下令興建的第一塔門（Pylon高18公尺），穿過塔門就是托勒密三世下令興建的「馬米西」神殿（Mamissi亦即俗稱之「誕生之屋」Birthhouse），內牆以浮雕敘述著荷魯斯誕生的情形，該殿之東側有一座內庭稱為東庭，從東庭向北經過第二塔門進入由托勒密三世下令建造的「伊西絲」神殿，殿內浮雕是描述伊西絲生育、教養荷魯斯的經過。該殿內西側有一個階梯，向東北方可通往由托勒密二世下令興建的「至聖所」。傳說女神每天都會至此哀悼亡夫──歐西里斯（Osiris）；並且舉行復活儀式。

「至聖所」西邊有座「哈稜多特斯」（Harendotes）神殿，紀念荷魯斯戰勝殺死其父的塞特，所以又稱為「荷魯斯復仇」神殿，由羅馬帝國第四代皇帝「克勞第烏絲」（Claudius生於公元前10年、公元41年登基、卒於公元54年）下令興建。「奧古斯都」（Augustus）神殿位於「至聖所」的東北方，是羅馬帝國第一代皇帝「奧古斯都─屋大維」（生於公元前63年、公元前27年登基、卒於公元14年），為了安撫剛征服的埃及人民而興建的神殿。

‧哈特后女神殿
從島的中央延伸到東岸是托勒密六世下令建造、再經托勒密八世等君王擴建的「哈特后」（Hathor）女神殿，獻給兼具音樂之神──「哈特后」女神，因此神殿的內外壁飾都是樂手在演奏各種樂器的情景（她也是幼年法老王的守護神）。

‧特拉堅柱亭
「哈特后」女神殿的南方、瀕臨菲蕾島的東岸，有一座島上最具

代表性的建築物「特拉堅柱亭」，羅馬皇帝——特拉堅（Trajan生於公元53年、公元98年登基、卒於公元117年，在位時使羅馬帝國版圖達到最大）將它獻給伊西絲女神和歐西里斯冥神，而且是埃及境內唯一的一座。它的作用是迎接女神「聖舟」回島時，所提供的暫歇之所，亭中刻畫皇帝向兩位神明祭祀的場面。「特拉堅柱亭」前有一個小遺蹟，俗稱「庇護所」，據說是個有治療神力的所在，當年得病的人，向伊西絲祈禱完後，臨時在此居住，希望藉以痊癒。

公元6世紀，羅馬帝國統一國內宗教改信基督教，尤斯提尼安（Justinian生於公元483年、公元527年登基、卒於公元565年）皇帝下詔禁止埃及人不得向所有其他神殿祭拜，從此以後人煙逐漸消失。

注：聯合國教科文組織所稱之努比亞古蹟世界遺產主要包括從尼羅河畔的阿布‧心貝神殿到尼羅河中的菲蕾島上神殿。

‧ 位於西非的多哥共和國（法文國名REPUBLIQUE TOGOLAISE）在1964年3月8日發行一套援救努比亞古蹟（法文SAUVEGARDE DES MONUMENTS DE NUBIE印在郵票圖案的上緣）宣傳郵票，共三款，其中一款面值30法郎的圖案主題是菲蕾島上的塔門和「誕生之屋」西側柱廊。

‧ 位於西非瀕海的達荷美共和國（法文國名REPUBLIQUE DU DAHOMEY在1975年11月30日改名為南BENIN）在1964年3月8日發行一款援救努比亞古蹟（法文SAUVEGARDE DES MONUMENTS DE NUBIE印在郵票圖案的上緣）宣傳郵票，面值25法郎，圖案主題是菲蕾島上「伊西絲」神殿內的浮雕：祭司扛著殯儀舟。

位於西非的茅利塔尼亞伊斯蘭共和國（法文國名REPUBLIQUE ISLAMIQUE DE MAURITANIE）在1964年3月8日發行一套援救努比亞古蹟（法文SAUVEGARDE DES MONUMENTS DE NUBIE印在郵票圖案的下緣）宣傳郵票，共三款，圖案主題相同：「底部泡水的菲蕾神殿」，最右邊是「特拉真柱亭」、中間是第一塔門、最左邊是塔門壁上的伊西絲女神雕像。

・面值10法郎
・面值25法郎
・面值60法郎

・義大利（ITALIA）在1980年5月20日發行一種連刷郵票，內含兩款面值皆為220里拉的郵票及一款無面值的貼紙，發行主旨是為了紀念義大利工程師參與菲蕾神殿搶救行動的傑出表現，郵票圖案上緣印印一句義大利文「LAVORO ITALIANO NEL MONDO」即「在世界的義大利工程」之意，左邊圖案主題是菲蕾島北半部的神殿建築，右邊圖案主題是菲蕾島南半部的西柱廊和東柱廊，貼紙上印一句義大利文「RECUPERO DEI TEMPLI DI PHILAE IN EGITTO」即「搶救在埃及的菲蕾神殿」之意。

· 聯合國教科文組織設於法國的巴黎，法國郵政當局受聯
合國教科文組織之託，在1987年12月5日發行一套供
該組織（UNESCO）專門貼用的郵票，圖案主題是世界
文化遺產，其中面值3.60法郎的主題是埃及菲蕾神殿
（TEMPLE DE PHILAE. EGYPTE印在圖案左側）的第一
塔門和東柱廊。

摩恩就答羅（Mohenjo-daro）城遺址

位於巴基斯坦的信地省（Sindh）第三大都市蘇庫爾（Sukkur人
口一百多萬）西南方約80公里處，原本是一座屬於印度斯河谷文
明（Indus Valley Civilization）的最大城市，據考古學家推測可能
興建於公元前2600年，約在公元前1700年廢棄，其原因據推測可
能是印度斯河氾濫後改道，當地居民（據推測在鼎盛期約有四萬
人）失去飲用水及灌溉水源而逐漸遷離。摩恩就答羅（Mohenjo-
daro）在信地語是「毫無生氣的土丘」之意，在1920年代被考古學
家發現，1922-1927年進行大規模挖掘。經過地質學家的勘查，發
現該城遺址曾遭洪水沖毀然後在舊城址之上重建新城，至少連續
七次而堆積起來成為一座面積約一平方英里的大土丘。至今已挖
掘的部份，發現當時已有良好的排水系統以及一座大規模的公眾
沐浴場，可以證實當時居民已有相當先進的衛生文明，在1980年
被聯合國教科文組織列入世界文化遺產。

· 土耳其在1973年7月21日發行一組土耳
其、伊朗、巴基斯坦簽訂區域合作發展公約
（Regional Cooperation for Development
Pact among Turkey, Iran & Pakistan簡稱
RCD）九週年紀念郵票，共三款，其中面值200
庫路絲（KURUŞ）的圖案主題是摩恩就答羅城
遺址中的階梯狀巷道。

· 位於西非的馬利共和國（法文國名REPUBLIQUE DU MALI）在1976年9月6日發行一組
兩款「保護救助摩恩就答羅行動」（SAUVEGARDE DE MOHENJO-DARO 印在圖案中
下）宣傳郵票，面值400法郎，圖案主題是牆壁上的大牛浮雕、牛身上畫著挖出的城址，
右下印聯合國教科文組織標誌；面值500法郎，圖案左方是人身雕像、左下印聯合國教科
文組織標誌，右下是遺址城牆，中上是「牛」浮雕像，右上是「犀牛及象」浮雕像。

· 位於西非的茅利塔尼亞伊斯蘭共和國（法
文國名REPUBLIQUE ISLAMIQUE DE
MAURITANIE）在1976年9月6日發行一款
「保護救助摩恩就答羅行動」宣傳郵票，面
值15UM，圖案主題是挖出的城址、下面
由左至右分別是「犀牛、象、大牛、小牛、
馬」浮雕像。

· 聯合國教科文組織設於法國的巴黎，法國郵
政（france postes）當局受聯合國教科文
組織之託，在1980年11月17日發行一套供
該組織（Unesco）專門貼用的郵票，圖案
主題是當時正在進行維護的三處世界文化遺
產，其中面值1.40法郎的主題是巴基斯坦的
摩恩就答羅（Pakistan, Moenjodaro）城
遺址之階梯和城牆。

注：Moenjodaro是法文依實際發音來拼字母
（少了h字母）。

被列入世界文化遺產的日本古建築

聯合國在2001年8月1日發行世界文化遺產專題系列郵票，圖案主題選用被列入世界文化遺產的日本古建築。

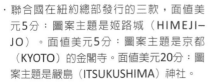

・聯合國在紐約總部發行的三款，面值美元5分：圖案主題是姬路城（HIMEJI-JO）。面值美元5分：圖案主題是京都（KYOTO）的金閣寺。面值美元20分：圖案主題是嚴島（ITSUKUSHIMA）神社。

・聯合國在日內瓦辦事處發行的三款，面值0.10瑞士法郎：圖案主題是姬路城（HIMEJI-JO）。面值0.10瑞士法郎：圖案主題是京都（KYOTO）的金閣寺。面值0.30瑞士法郎：圖案主題是嚴島（ITSUKUSHIMA）神社。

注：姬路城位於兵庫縣姬路市，和熊本城、松本城合稱「日本三大名城」，在1993年列入世界文化遺產。

位於京都的金閣寺原名鹿苑寺，在1994年列入世界文化遺產。

位於廣島的嚴島神社，和天橋立、松島合稱「日本三景」，在1996年列入世界文化遺產。

· 聯合國在維也納辦事處發行的三款，面值1西令或0.07歐元：圖案主題是姬路城（HIMEJI−JO）。面值1西令或0.07歐元：圖案主題是京都（KYOTO）的金閣寺。面值2西令或0.14歐元：圖案主題是嚴島（ITSUKUSHIMA）神社。

被列入世界文化遺產的法國建築

聯合國在2006年6月17日發行世界文化遺產專題系列郵票，圖案主題選用被列入世界文化遺產的法國建築，共六款，本組郵票的最大特徵就是以凸版燙金方式在圖案左邊印上巴黎最著名的地標——艾菲爾鐵塔、呈現豪華精美感。

· 聯合國（United Nations）在紐約總部發行的兩款，面值美元39分：圖案主題是位於巴黎的塞納河岸（Bank of the Seine），在1991年列入世界文化遺產。面值美元84分：圖案主題是位於法國南部的加爾省（Gard）靠近Remoulins的羅馬水道橋（Roman Aqueduct），在1985年列入世界文化遺產。

· 聯合國（Nations Unies法文）在日內瓦辦事處發行的兩款，面值1.00瑞士法郎：圖案主題是位於法國北部的普羅萬（Provins）古城，在2001年列入世界文化遺產。面值1.30瑞士法郎：圖案主題是聖米榭爾山（Mont-Saint-Michel），在法國諾曼第附近，距海岸約1公里的岩石小島，島上建了一座修道院，在1979年列入世界文化遺產。

· 聯合國（Vereinte Nationen德文）在維也納辦事處發行的兩款，面值0.55歐元：圖案主題是位於法國南部的卡爾卡松（Carcassonne），在1997年列入世界文化遺產。面值0.75歐元：圖案主題是位於羅瓦河谷的香波爾堡（Chateau de Chambord），在1981年列入世界文化遺產。

萬里長城

· 香港在2012年9月27日發行「中國世界遺產系列第一號：萬里長城」小全張，內含一枚郵票面值港幣10圓，圖案以多角度展現萬里長城雄奇險要的氣勢。上方係夕陽下的嘉峪關雄偉壯觀，素有「天下第一雄關」之稱，是昔日絲綢之路的交通樞紐和邊防重地。小全張左方和郵票部分係長城八達嶺段，整個八達嶺段氣勢雄偉，險峻陡峭，自古以來是南北交通的要道。小全張右方及郵票的上方則展現長城金山嶺段，建於地勢險要、蜿蜒起伏群山峻嶺上的金山嶺段，是進出塞內外的要道，也是歷史上兵家必爭之地。

3. 新世界七大奇觀（The New 7 Wonders of the World）

世界新七大奇觀是瑞士的新七大奇觀協會發起的活動，將世界現存、建於公元兩千年以前的建築中挑選七個，替換古代的世界七大奇觀。發起原因是由於古代世界七大奇觀中的六個早已不存在，僅存埃及的金字塔，而且都集中在地中海地區。選舉的方式是由網上和電話免費和付費投票決定，已登記會員可免費投票一次，如要再投票則需付費。投票於2007年7月6日截止，結果於2007年7月7日當地時間九點半在葡萄牙的首都里斯本揭曉。

位於西班牙南端、屬於英國的直布羅陀（Gibraltar）為紀念這一項世界性的活動，在2008年6月1日發行新世界七大奇觀專題郵票。

- 面值8便士：巴西的救世主基督像（Christ Redeemer, Brazil）是一座裝飾藝術風格的大型耶穌基督雕像，位於巴西的里約熱內盧（Rio de Janeiro，意即「正月之河」），是該市的標誌，也是世界最聞名的紀念雕塑之一，基督像落成於1931年，總高38公尺，豎立於里約熱內盧國家森林公園中高710公尺的科科瓦多（Corcovado）山頂，俯瞰著整個城市。張開雙臂歡迎來自世界各地的遊客，是巴西人民熱情接納和寬闊胸懷的象徵。2012年，被聯合國教科文組織列入世界文化遺產。
- 面值8便士：義大利的羅馬競技場（Colosseum, Italy）是古羅馬時期最大的圓形角鬥場，建於公元72年—82年間，位於現今義大利首都羅馬市的中心。
- 面值38便士：約旦的佩特拉（Petra, Jordan）是一座古城，位於安曼（Amman）南方約250公里處，隱藏在阿拉伯谷東側的一條狹窄的峽谷內。佩特拉一詞源於希臘文「岩石petrus」。1989年發行的電影《聖戰奇兵》（Indiana Jones and the Last Crusade）片中男主角印第安那・瓊斯（Indiana Jones）到此地尋找聖杯（San-greal），使得佩特拉的聲名遠播。1985年12月6日，被聯合國教科文組織列入世界文化遺產。
- 面值38便士：中國的萬里長城（Great Wall of China），長城東西綿延上萬華里（一華里約0.50公里），因此被稱為萬里長城。現存的長城遺蹟主要為始建於14世紀的明代長城，西起嘉峪關，東至虎山長城。2009年4月最新的完整考古研究顯示，長城全長8851.8公里，牆體平均高6至7公尺，寬4至5公尺。1987年，被聯合國教科文組織列入世界文化遺產。

- 面值40便士：秘魯的馬丘比丘（Machu Picchu, Peru原意是「古老的山峰」），是秘魯一個著名的印加帝國時期遺產，約在1440年建立，西北方距庫斯科（Cusco）130公里，整個遺址高聳在海拔2350-2430公尺的山脊上，俯瞰著烏魯班巴（Urubamba）河谷。1983年，被聯合國教科文組織列入世界文化遺產。

- 面值40便士：墨西哥境的奇琴伊查（Chichen Itza, Mexico原意是「在伊查的水井口」）是一處龐大的考古遺址。由馬雅（Maya）人所建，位於墨西哥境內的猶加坦（Yucatán）半島北部，圖案主題是居於奇琴伊查正中的金字塔，為了祭拜羽蛇神（Quetzalcoatl）而建的神廟。1988年，被聯合國教科文組織列入世界文化遺產。

- 面值66便士：印度的泰姬瑪哈陵（Taj Mahal, India）是印度最著名的古蹟之一，處於北方邦阿格拉（Agra），蒙兀兒（Mughal）王朝第5代皇帝沙迦罕（Shah Jahan）為了紀念他已故皇后「慕姆她姿·瑪哈」（Mumtaz Mahal）而建立的陵墓，竣工於1654年，被讚譽為「完美的建築」。1983年，被聯合國教科文組織列入世界文化遺產。

注：泰姬是Taj的音譯，為皇冠之意。

4. 古代世界七大奇觀（the Seven Wonders of the Ancient World）

最早提出古代世界七大奇觀構想的是公元前3世紀的腓尼基旅行家——西頓的安提帕特（Antipater of Sidon），而這些景點的建築，由古希臘哲學家——費羅（Philo）在公元前225年選出，當中目前唯一存在的只有埃及的吉薩金字塔（Pyramid of Giza），而其餘皆已毀壞，流傳下來的歷史資料也相當少，有些建築甚至被質疑是否曾經存在，至今仍然是個謎。

（郵票實際尺寸：圖片尺寸=1：0.8）

位於西非的馬利共和國（REPUBLIQUE DU MALI）在1971年12月31日發行一組航空郵資郵票，圖案主題選用古代世界七大奇觀（法文LES SEPT MERVEILLES DU MONDE印在圖案下邊），由法國的印製廠以彩色雕刻版印製，線條細緻、色彩豔麗，可稱為建築專題郵票中的經典之作。

- 面值70法郎：位於希臘奧林匹亞的宙斯神像（LE ZEUS OLYMPIEN DE PHIDIAS），是古希臘雕刻家——菲第亞斯（Phidias）的作品。大約建於公元前457年，當時世上最大的室內雕像。神像原本是放在一座神殿內。神殿在公元5年被大火摧毀。宙斯神像雖因被運到君士坦丁堡（Constantinople）而倖免於難，但最終亦難逃厄運，在公元462年被大火燒毀。

- 面值80法郎：位於埃及的吉薩金字塔（PYRAMIDE DE CHEOPS）與人面獅身像（Sphinx），相傳約於公元前2580年興建，前2560年完工，是七大奇觀中歷史最久、也是唯一尚存的古蹟。

- 面值100法郎：位於現今土耳其西部以弗所的阿提米斯神廟（TEMPLE D'ARTEMIS A EPHESE），經過120年的建造，於公元前550年完成。神廟的建造由呂底亞（Lydia）的克羅索斯（Croesus）國王發起，後來在波斯的阿契美尼德帝國（Achaemenid Empire）時建成。公元前356年7月21日，神廟被焚毀，至今只剩下一根柱子。

- 面值130法郎：位於埃及北部亞歷山大港口外的法羅斯島燈塔（LE PHARE D'ALEXANDRIE），毀於地震，約在公元前283年由埃及國王托勒密二世下令建造，古代最著名的燈塔，估計高度115-140公尺之間。

· 面值150法郎：巴比倫的空中花園（JARDINS SUSPENDUS DE BABYLONE），毀於地震，位於現今伊拉克首都巴格達附近。在公元前6世紀由新巴比倫王國的尼布甲尼撒二世（Nebuchadnezzar II在位時間約為公元前605年一前562年）在巴比倫城為其患思鄉病的王妃阿姆提絲（Amytis）而興建的。

注：空中花園純粹是出自希臘文paradeisos一字之意譯，而不是吊於空中的花園。但就字面原意paradeisos應譯為「梯形高台」，所以推測「空中花園」實際上就是建築在「梯形高台」上的花園。希臘文paradeisos（空中花園）後來演變為英文paradise（天堂）。

· 面值270法郎：哈利加那蘇斯的摩所稜陵臺（MAUSOLEE D'HALICARNASSE），毀於地震，就是小亞細亞的加里亞（Caria）統治者摩所拉斯（Mausolus）夫婦的陵墓，建於公元前350年，英語的mausoleum係陵墓之意，即源於此名。

· 面值280法郎：希臘羅德島的巨大彫像（LE COLOSSE DE RHODES），為紀念羅德島解圍（公元前305年曾被安提哥王朝得米特留斯一世的軍隊包圍）而在該島港口建立的青銅太陽神像，高約37公尺，巨像的兩腳橫跨在入口港的兩端，船隻可以從跨下通過。據說建成後沒幾年便因強烈地震而倒塌，留下一片瓦礫，是七大奇觀中壽命最短的一個。

匈牙利郵政（MAGYAR POSTA）在1980年2月29日發行一組「世界古代七大奇觀」郵票，圖案中標明七大奇觀的地理位置，此為本組郵票設計之最大特色。

・面值40 f.：世米拉米斯的空中花園（Szemirámisz függőkertje）

・面值60 f.：以弗所的阿提米斯神廟（Az epheszoszi Artemisz-templom）

・面值1 Ft.：菲第亞斯的宙斯神像（Pheidiasz Zeusz-szobra）

・面值2 Ft.：哈利加那蘇斯的摩所稜陵墓（A halikarnasszoszi mauzóleum）

・面值3 Ft.：希臘羅德島的巨大雕像（A rhodoszi kolosszus）

・面值4 Ft.：亞歷山大港的燈塔（Az alexandriai világítótorony）

・面值5 Ft.：埃及的金字塔（Az egyiptomi piramisok）

注：之前推論空中花園可能是亞述（Assyria）的女王「世米拉米斯」（Semiramis統治期間：公元前810—前806年）時期所興建。最近有學家推論是亞述王「先那赫里布」（Sennacherib在位期間：公元前705—前681年）所下令建造。

不丹（BHUTAN）在1991年2月2日發行一組「世界古代七大奇觀」郵票，圖案中加了迪士尼卡通人物。

・面值1CH：在以弗所的阿提米斯神廟（THE TEMPLE OF ARTEMIS AT EPHESUS），米老鼠和高飛狗扮演古代參拜者。

・面值2CH：在希臘、奧林匹亞的宙斯神像（THE STATUE OF ZEUS AT OLYMPIA , GREECE），唐老鴨在拍照，前面是三個甥兒和黛西鴨。

・面值3CH：埃及的金字塔（THE PYRAMIDS OF EGYPT），米老鼠和高飛狗扮演考古人員，唐老鴨的三個甥兒在推拉石塊。

・面值4CH：埃及、亞歷山大港的燈塔（THE LIGHTHOUSE OF ALEXANDRIA, EGYPT），荷拉斯馬（Horace Horsecollar）扮演古代士兵。

・面值5CH：在哈利加那蘇斯的摩所稜陵墓（THE MAUSOLEUM AT HALICARNASSUS），米老鼠扮演古代騎士。

・面值10CH：在愛琴海的羅德島巨大人像（THE COLOSSUS OF RHODES ON THE AEGEAN SEA），唐老鴨和三個甥兒在划船。

・面值50CH：巴比倫的空中花園（THE HANGING GARDENS OF BABYLON），米老鼠和高飛狗扮演清掃人員。

5. 軍事和武器專題

位於太平洋的馬紹爾群島（MARSHALL ISLANDS）自1989年起至1995年連續六年之間發行一系列的第二次世界大戰50週年紀念郵票，總共一百組，而每一組的主題選自第二次世界大戰的重要戰役和事件，圖案中出現各型軍用機、軍艦，由於請當時著名的插畫美術家繪製圖案，筆觸細膩、著色逼真，郵票發行後得到郵友的好評，甚至還吸引不少軍事迷向郵票代理公司預訂。前英國所屬的各國和屬地郵政當局也搭上新潮，紛紛發行和第二次世界大戰相關的專題郵票，因此歐美集郵界掀起了收集軍事和武器專題的新趨勢。

・馬紹爾群島在1989年9月1日發行第二次世界大戰系列郵票的第一款，郵票面值25分，標題是「1939年德軍入侵波蘭」（Invasion of Poland 1939），圖案是波蘭的騎兵手持長矛向德軍衝鋒，結果遭遇德軍戰車以機關槍掃射而傷亡慘重，背景是德軍裝置75公厘短管砲的4號戰車。

· 馬紹爾群島在1990年11月11日發行「1940年塔蘭托戰役」（Battle of Taranto 1940）50週年紀念郵票，由上下兩聯共4枚郵票組成，郵票面值皆為25分，上聯圖案之左：劍魚式戰機從英國海軍的璀璨號（HMS ILLUSTRIOUS滿載28,661噸）航空母艦起飛、之右：劍魚式（FAIREY SWORDFISH）戰機吊掛著魚雷出擊；下聯圖案之左：劍魚式戰機攻擊義大利的戰鬥艦「安德利亞・多里亞」（RM ANDREA DORIA 滿載29,391噸）號、之右：劍魚式戰機攻擊義大利的戰鬥艦「加富爾伯爵」（RM CONTE di CAVOUR滿載29,100噸）號。

【戰況】璀璨號停泊於塔蘭托軍港南方約272公里外海處，第一波的12架劍魚式戰機在晚上9時前從璀璨號起飛，一小時後第二波的9架劍魚式戰機起飛，第一波包括6架水平轟炸機及6魚雷攻擊機在晚上10時58分飛抵軍港上空，分成兩組：一組攻擊在外港的軍艦及另一組則攻擊內港的軍艦，第二波包括4架水平轟炸機及5架魚雷攻擊機在一小時後從軍港的西北方進攻，義大利最新式及最大的戰鬥艦「利拖里奧」（Llttorlo 滿載46,701噸）號被3枚魚雷擊中，而另外兩艘戰鬥艦「加富爾伯爵」號及「凱奧・杜伊里奧」（Caio Duilio滿載29,391噸）號各被一枚魚雷擊中，一艘巡洋艦在內港被炸彈擊損，第一波中的其中兩架飛機施放照明彈以便在黑暗中照亮目標。

【結局和影響】英軍只有兩架戰機被擊落，兩名飛行員被俘，另外兩人失蹤。義大利艦隊在一個晚上損失了接近一半戰鬥力，第二天義大利海軍將沒有受損的艦隻撤往那波里（Napoli）港，而英國海軍則掌控了地中海戰區的主動權。

日本海軍參謀人員則非常重視此役，模擬英軍戰機的攻擊行動，策劃1941年偷襲珍珠港的參謀作業和演習，並將規模擴大到「6艘航空母艦出動360架戰機」。

· 馬紹爾群島在1991年12月7日發
行「1941年日本偷襲珍珠港」
（Japanese Attack Pearl Harbor
1941）50週年紀念郵票，共有四
款合組成四方連，面值皆為50分，
左上是美國陸軍航空隊的P-40型
戰鬥機和海軍航空隊的SBD無畏式
（SBD Dauntless）艦載俯衝轟炸
機、F4F野貓式（Wildcat）戰鬥
機，右上是日本海軍航空隊的九九
式艦上爆擊機、九七式艦上攻擊
機、零式戰鬥機，右下是日本的
九九式艦上爆擊機從航空母艦「赤
城」號（JAPANESE AIRCRAFT
CARRIER AKAGI）起飛，左下是日
本的九九式艦上爆擊機向美國戰艦
「亞利桑納」號（USS ARIZONA）
投彈。

【日軍攻擊主力】

第一航空艦隊──司令長官：南雲忠一中將所指揮之三個航空戰隊

第一航空戰隊──南雲長官直接統率、航空母艦「赤城」、「加賀」

第二航空戰隊──司令官：山口多聞少將、航空母艦「蒼龍」、「飛龍」

第五航空戰隊──司令官：原忠一少將、航空母艦「瑞鶴」、「翔鶴」

艦載軍機399架（零式艦上戰鬥機120架、九九式艦上爆擊機135架、九七式艦上攻擊機144
架）

【結局】日本海軍機僅29架未歸還，74架損傷，55名陣亡。

美軍損失慘重，5艘戰艦沉沒、3艘戰艦受損、3艘巡洋艦受損、3艘驅逐艦受損、188架飛機
被摧毀、155架飛機受損，2,402名陣亡、1,247名受傷。

· 馬紹爾群島在1992年6月4日發行「1942年中途島之役」（Battle of Midway 1942）50週年紀念郵票，共有四款合組成四方連，面值皆為50分，左下是美國海軍航空隊使用的道格拉斯·無畏式（U.S. DOUGLAS SBD DAUNTLESS）俯衝轟炸機從航空母艦起飛後發現日本的航空母艦，左上是日本的航空母艦「赤城」號（JAPANESE AIRCRAFT CARRIER AKAGI）的甲板被道格拉斯·無畏式俯衝轟炸機投中炸彈後起火冒煙。右下是日本中島製作的九七式艦上魚雷攻擊機（NAKAJIMA B5N2 KATE AIRCRAFT）對右上的美國航空母艦「約克鎮」號（USS YORKTOWN）發動魚雷攻擊。

【結局和影響】1942年6月4日5時30分，中途島派出的一架加塔利那式偵察飛行艇發現了日本海軍的航空母艦赤城號後立即通報中途島基地，6時7分美國艦隊司令接到中途島轉來的重要訊息，立即出動航空母艦的攻擊戰隊，美國軍機搶先攻擊日軍的航空母艦，終於獲得第二次世界大戰中在太平洋最關鍵的勝利，擊沉日本的海軍航空主力——四艘大型航空母艦（赤城、加賀、蒼龍、飛龍），而美國僅損失一艘主力航空母艦（約克鎮號），從此以後日本海軍失去主動攻擊的實力而轉為防守的態勢。

· 馬紹爾群島在1993年3月3日發行「1943年俾斯麥海戰役」（Battle of Bismarck Sea 1943）50週年紀念郵票，由四枚郵票組成四方連，面值均為50分，右下圖案的上方是美國陸軍航空隊（USAAF）的A-20型掠奪式（HAVOC）輕型轟炸機、下方是B-25型米切爾式（MITCHELL）中型轟炸機，右上圖案的上方是兩架美國陸軍航空隊（USAAF）的P-38型閃電式（LIGHTNING）戰鬥攻擊機、下方是澳洲皇家空軍（RAAF）的美鬥士式（BEAUFIGHTER）戰鬥攻擊機，左上圖案的上方是日本海軍航空隊的零式戰鬥機（JAPANESE A6M ZERO）、下方是日本海軍的驅逐艦「荒潮」號（DESTROYER ARASHIO公試排水量2400噸、1943年3月4日被美軍B-17的500磅炸彈擊中第一號煙囪而沉沒），左下圖案是日本海軍的驅逐艦「白雪」號（JAPANESE DESTROYER SHIRAYUKI公試排水量2080噸、1943年3月3日被盟軍轟炸機炸沉）。

【結局和影響】日軍以慘敗收場，總計輸送船8艘、驅逐艦4艘被擊沉，士兵三千多名戰死，損失物資2,500噸。日軍戰敗的直接原因是運輸船隊缺乏中低空飛機掩護，根本原因是第八艦隊司令部輕率的作戰計劃。之後類似場面也在太平洋各戰役中出現，加速日本海軍的衰退。

· 馬紹爾群島在1994年2月20日發行，圖案是1944年美國轟炸德國的大星期（2月的最後一星期Big Week-U.S. Bombs Germany 1944），面值為52分，美國陸軍航空隊的B-17型飛行堡壘式（FLYING FORTRESS）密集轟炸德國的飛機製造工業區（接近布倫瑞克Braunschweig、萊比錫Leipzig），出動約3500架次，損失244架、損失率達7%。

· 馬紹爾群島（MARSHALL ISLANDS）在1995
年8月6日發行「1945年原子彈投向廣島」
（Atomic Bomb Dropped on Hiroshima
1945）50周年紀念郵票，面值1元，圖案是
1945年8月6日美國的B-29 型超級堡壘式重型
轟炸機「耶諾拉‧蓋」號在廣島市上空投下原
子彈後迅速飛離，背景是原子彈爆震後引起的
蕈狀雲。

· 英國所屬的直布羅陀（GIBRALTAR）在1995年5月8日發行一款小全張，紀念
歐洲戰勝日50週年（COMMEMORATING THE 50th ANNIVERSARY 8th MAY
1945 VE DAY）。

小全張內含一枚郵票面值1.05英鎊，郵票的中心圖案是英國海軍的劍魚式戰
機、背景是直布羅陀的岩石山，小全張下方是英國海軍的航空母艦由三艘驅逐
艦護航，右上是秀特（SHORT）山得蘭式（SUNDERLAND）巡邏飛行艇，左
上是PBY加塔利那式（CATALINA）巡邏飛行艇，中左是達科塔式（英軍稱為
DAKOTA、美軍稱為C-47）運輸機。

注：「VE」即「Victory in Europe Day」之簡稱。

· 位於南太平洋、紐西蘭所屬的庫克群島（COOK ISLANDS）在1995年9月4日發行一組「第二次世界大戰結束50週年紀念（50 TH ANNIVERSARY END OF W.W. II）」郵票，由兩款相連成對，面值3.50元，左款圖案是1945年5月7日德國在法國北部的萊姆斯（RHEIMS）向同盟國投降，中間是德國的姚德爾上級將軍（Generaloberst Alfred Jodl）在投降書上簽名。右款圖案是1945年9月2日美國的麥克阿瑟元帥率領各同盟國軍事代表在美國的密蘇里號戰艦（USS Missouri停泊在東京灣TOKYO BAY）甲板上接受日本代表簽定投降書。

· 位於南太平洋、庫克群島中的愛土塔基（AITUTAKI）島在1995年9月4日發行一組「第二次世界大戰結束50週年紀念（50 TH ANNIVERSARY END OF W. W. II）」郵票，由兩款相連成對，面值4.00元。

右款標題是「1940年7月不列顛戰役（BATTLE OF BRITAIN JULY 1940）」、圖案中右及左下是英國的噴火式戰鬥機、中上和右上是德國JU-87型俯衝轟炸機（右上的一架被擊中後冒煙）。

左款標題是「1942年6月中途島戰役」（BATTLE OF MIDWAY JUNE 1942）、圖案是從美國航空母艦起飛的無畏式俯衝轟炸機正要攻擊日本的航空母艦。

PENRHYN
NORTHERN COOK ISLANDS

- 位於南太平洋、庫克群島中的偏鄰（PENRHYN）在1995年9月4日發行一組「第二次世界大戰結束50週年紀念（50 TH ANNIVERSARY END OF W. W. II）」郵票，由兩款相連成對，面值3.75元。

  右款標題是「1941年12月珍珠港（PEARL HARBOUR DECEMBER 1941）」、圖案是1941年12月7日停泊在珍珠港內的美國戰鬥艦「西維吉尼亞」號（USS West Virginia）被日軍發射的魚雷擊中後引起大火和濃煙，救援小艇正從海中救起一名生還者。

  左款標題是「1945年8月廣島（HIROSHIMA AUGUST 1945）」、圖案是1945年8月6日美國的B-29 型超級堡壘式重型轟炸機「耶諾拉・蓋」號（ENOLA GAY）在廣島市上空投下原子彈後迅速飛離，背景是原子彈爆震後引起的蕈狀雲。

- 位於南太平洋的土瓦魯（TUVALU）在1995年8月19日發行一組郵票，紀念第二次世界大戰結束50週年（50 TH ANNIVERSARY OF THE END OF WORLD WAR II），含四款，圖案以南太平洋戰役中登陸當地的美軍為主角，1942年10月2日美國海軍陸戰隊登上該群島的最大一組環礁——「夫納夫提」（Funafuti）。

  注：土瓦魯在1978年獨立前是英國的屬地、稱為「愛利斯群島」（Ellice Islands）。

- 面值40分：美國陸軍手持彈鼓式的湯普森衝鋒槍（Thompson submachine gun），背景是西太平洋位置圖，右上標示紅色區是日本、右下標示紅色區是土瓦魯。

- 面值50分：美國海軍陸戰隊員手持M1式步槍，背景是美國海軍陸戰登陸當地海灘的畫面。

· 面值60分：美國海軍陸戰隊員，背景是離海岸不遠處的海空戰。

· 面值1.50元：美國陸軍手持Ｍ１Ａ１式卡賓槍（Carbine原意為騎兵步槍）瞄準射擊，背景是美軍轟炸機對日本投下原子彈、爆震後引起的白色蕈狀雲（象徵第二次世界大戰的結束）。

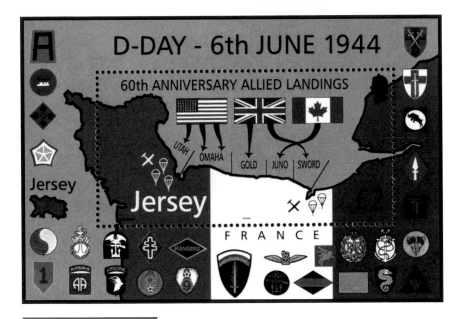

· 「諾曼第登陸」是第二次世界大戰中西方同盟國軍隊在歐洲西線戰場發起的一場大規模攻勢，是代號「太上君主作戰」（Operation Overlord亦稱為太上皇作戰、大君主作戰）的一部份。作戰在1944年6月6日展開，直到現今仍然是世界上規模最大的一次海上登陸作戰，至7月24日共投入一百三十幾萬名軍事人員。

英國所屬的澤西島（Jersey）在2004年6月4日發行一款「諾曼第登陸60週年紀念」小全張，內含一枚郵票面值2英鎊，郵票圖案的上方印「60th ANNIVERSARY ALLIED LANDINGS」即「聯軍登陸60週年」之意，主圖由左至右是美國、英國、加拿大軍隊登陸諾曼第的灘頭代號名稱（由擬定作戰計畫人員命名）和位置，美軍登陸「猶他」（UTAH）、「奧馬哈」（OMAHA）灘頭，英軍登陸「黃金」（GOLD）、「劍」（SWORD）灘頭，加軍登陸「朱諾」（JUNO）灘頭，「猶他」的左下標示運輸機和降落傘是美軍82、101空降師的降落處，「劍」的下方是英軍第6空降師的降落處。小全張的上邊印「D–DAY–6th JUNE 1944」即「D日（作戰發起日）是1944年6月4日」之意，整體圖案呈現諾曼第地圖和澤西島的相對位置（在最左的紅色小島，位於諾曼地半島外海20公里處的海面上），左右兩側和下方印參與諾曼第登陸作戰的各大部隊、軍種識別徽章，自左數來的第二、三個是美軍82、101空降師（AIRBORNE Division）的徽章。

· 位於紐西蘭東北方的紐威島（NIUE）在2004年10月13日發行兩款「D日60週年致敬」（D–DAY 60 th ANNIVERSARY TRIBUTE）小全張，圖案選用當年拍攝的照片，一款內含4枚郵票、面值皆為1.50元，右邊印「On June 6, 1944, the assault on the European fortress began. It is forever known as D-Day.」即「在1944年6月6日，開始對歐洲堡壘攻擊。它就是永遠著名的D日」之意。

左上圖案標題「盟國空軍開始轟炸德軍海岸砲台」（Allied Air Forces began bombing German coastal batteries.）、圖像：「盟國轟炸機對德軍海岸砲台投彈」，

左下圖案標題「傘兵空降於諾曼第」（Paratroopers drop over Normandy.）、圖像：「盟軍傘兵自C-47型運輸機跳出」，

右上圖案標題「盟國海軍艦砲射擊大西洋之壁」（Allied naval guns pound Atlantic Wall.）、圖像：「美國海軍的艦砲射擊諾曼第海岸的事設施」，

右下圖案標題「盟軍推進和德軍開始投降」（Allied advance and the Germans begin to surrender.）、圖像：「美國的戰車部隊在道路左側前進、遇到投降的德軍排成長列經過」。

注：「大西洋之壁」又稱為大西洋長城，是第二次世界大戰期間納粹德國用來防禦西線的軍事設施，該防線自挪威沿海岸北部至法國和西班牙的邊界，長達2700公里，主要用來防止盟軍登陸歐洲大陸。

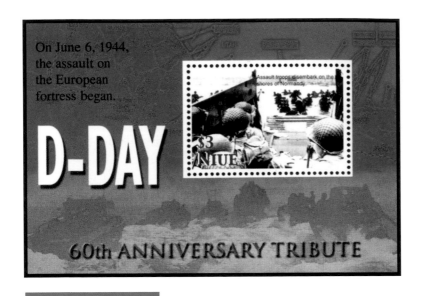

・另一款內含1枚郵票、面值3元，圖案標題「攻擊部隊在諾曼第海岸下船登陸」
（Assault troops disembark on the shores of Normandy.）、圖像：「美
國的登陸部隊正走下登陸艇向諾曼第海岸涉水前進。

位於中美洲的貝里茲（BELIZE）在1995年10月24日發行一組聯合國創立50週年紀念
（50th ANNIVERSARY of the UNITED NATIONS）郵票，含四款，圖案選用聯合國維
持和平部隊使用的戰鬥和運輸車輛，車身和機身全部都漆白色，其中噴黑色的「UN」
就是「United Nations」（聯合國）的簡稱。

・面值25分、圖案主題是M113式（美國製）—輕型偵察履帶車（M113-LIGHT
RECONNAISSANCE VEHICLE）。車身全長4.863公尺，寬幅2.686公尺，高度2.5公尺，
重量12.3噸，可載操控員、射擊員各一名以及11名戰鬥員共13名。主要武裝：白朗寧M2
（Browning）12.7公釐口徑機關槍。最快時速66公里，作戰行程480公里。

・面值60分、圖案主題是蘇丹型（英國製）—裝甲指揮履帶車（SULTAN-ARMOURED
COMMAND VEHICLE）。車身全長4.82公尺，寬幅2.28公尺，高度2.6公尺，重量8.346
噸，可載車長、操控員、射擊員兼無線電通訊員各一名以及3名通訊員共6名。主要武裝：L7
型7.62公釐口徑通用機關槍。最快時速80公里，作戰行程450公里。

‧面值75分、圖案主題是雷蘭（英國製）／寶恩車輛工廠製造的裝卸架式載重車（LEYLAND/DAF 8×4 DROPS VEHICLE）。

注：DROPS係Demountable Rack Offload and Pickup System（裝卸架系統）之簡稱。

‧面值2元、圖案主題是戰士型（英國製）—步兵戰鬥履帶車（WARRIOR-INFANTRY COMBAT VEHICLE）。車身全長6.34公尺，寬幅3.03公尺，高度2.78公尺，重量24.5噸，可載車長、操控員、射擊員各一名以及7名戰鬥員共10名。主要武裝：30公釐口徑機炮、次要武裝：7.62公釐口徑機關槍。最快時速75公里，作戰行程660公里。

位於加勒比海、英國所屬的處女（維京）群島（BRITISH VIRGIN ISLANDS）在1995年10月24日發行一組聯合國創立50週年紀念郵票，含四款，圖案選用聯合國維持和平部隊使用的車輛和直升機，車身和機身全部都漆白色，其中噴黑色的「UN」就是「United Nations」（聯合國）的簡稱。

‧面值15美分、圖案主題是「法國寶獅公司製造的P4輕型車」（PEUGEOT P4 ALL PURPOSE LIGHT VEHICLE）。

‧面值30美分、圖案主題是「英國福登公司製造的中形油罐車」（FODEN MEDIUM TANKER）。

· 面值45美分、圖案主題是「芬蘭西蘇公司製造的適用所有地形的履帶車」（SISU ALL–TERRAIN VEHICLE）。

· 面值2美元、圖案主題是「英國威斯特蘭公司製造的山貓式AH7型直升機」（WESTLAND LYNX AH7 HELICOPTER）。

希臘（HELLAS）在1999年12月13日發行一組以希臘軍隊為主題的郵票，共九款，分為陸、海、空軍三類、每一類三款，圖案左上印國防參謀本部的徽章、右上印各軍種的徽章。

陸軍的三款：

· 面值20d（Drachma）的圖案是突擊隊搭乘突擊小艇，上空有一架貝爾（Bell）公司製造的通用直升機（utility helicopter）。

· 面值120d（Drachma）的圖案是擔任聯合國維持和平安定部隊Stabilization Force （SFOR）的希臘陸軍人員在貨車上發放救濟物資給波士尼亞（Bosnia）的民眾。

· 面值250d（Drachma）的主題是演習中的步兵伴隨美國製的M48A5改良式戰車前進，上空有三架美國製的AH-64 Apache阿帕契式攻擊直升機。

海軍的三款：

· 面值30d（Drachma）的圖案是飛彈快速攻擊艇
· 面值70d（Drachma）的圖案是護衛艦（Frigate）群
· 面值600d（Drachma）的圖案是德國製的潛水艦「歐基諾斯」（Okeanos）號

空軍的三款：

· 面值40d（Drachma）的圖案是美國製的F-16戰鷹式（Fighting Falcon）噴射戰鬥機
· 面值50d（Drachma）的圖案是加拿大製的CL-215型（Canadair CL-215）救火機在燃燒的森林上空灑水
· 面值170d（Drachma）的圖案是法國製的達梭·幻象2000型（Dassault Mirage 2000）噴射戰鬥機

6. 2012年最熱門的專題──鐵達尼號沉船一百週年紀念

鐵達尼號於1912年4月10日從英國南部的南安普屯出發，預定橫越
北大西洋，前往紐約港。由於人為的一再錯誤，於1912年4月14日
船上時間夜晚11點40分，鐵達尼號撞上冰山；2小時40分鐘後，即
4月15日凌晨2點20分，船體裂成兩段後沉入大西洋。船上共搭載
2223人、其中1517人（亦有1522人之說）遇難，鐵達尼號船難為和
平時期死亡人數最慘重的海難之一。●

位於英國和法國間海峽的阿得尼
（ALDERNEY）島在2012年2月22
日發行一組，內含六款郵票，各款
圖案分別簡介如下。

· 面值36便士：鐵達尼號首航離開碼
　頭，親友揮手送行的情景。
· 面值47便士：鐵達尼號發出求救的
　信號煙火。
· 面值48便士：鐵達尼號豪華客艙內
　的扶梯。

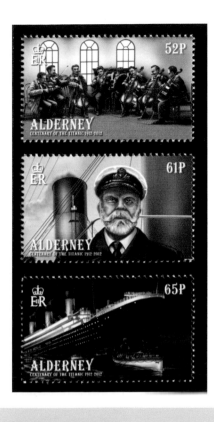

· 面值52便士：鐵達尼號的樂隊。

· 面值61便士：鐵達尼號的史密斯
（Edward J. Smith）船長。

· 面值65便士：鐵達尼號船體的前
半段已沉入海水中，救生艇上的
划槳人員正奮力划離，以免被漩
渦捲入。

· 位於波羅的海、芬蘭所屬的阿蘭（ÅLAND）島在2012年4月16日發
行，面值1.80歐元，圖案選用鐵達尼號的宣傳海報，左上印鐵達尼號
所屬的白星航運公司（WHITE STAR LINE）和旗幟，右上印「The
World's Largest Liner」即「世界最大的班輪」之意，下邊印鐵達尼
號首航的起訖海港「南安普屯至紐約」（SOUTHAMPTON～NEW
YORK）和途經（VIA）的「瑟堡」（CHERBOURG在法國北部）、
「王后鎮」（QUEENSTOWN 在愛爾蘭、現名Cobh）海港。

· 加拿大（CANADA）在2012年4月5日發行一款小全張，面值1.80圓，小全張的最上邊是鐵達尼號（TITANIC）的遇難處——「北緯41度43分32秒」、「西經49度56分49秒」，郵票的主要圖案是航行中的鐵達尼號、左下邊印白星航運公司（White Star Line）旗幟，襯底是北大西洋圖，右上標示的白星是出發港——南安普屯（Southampton），左上是位於紐芬蘭的競賽岬（Cape Race）——當地的加拿大·馬可尼公司的無線電收發站（Canadian Marconi company's wireless station）收聽到遇難的求救訊息，最左標示的白星是加拿大東部的哈利法克斯（Halifax）海港在船難之後成為善後處理中心。

位於南大西洋、英國所屬的升天島（Ascension Island）在2012年8月1日發行一組，內含4款郵票和一款小全張，各款上邊印「RMS TITANIC」即「皇家郵輪——鐵達尼號」之意。

注：RMS 即Royal Mail Ship之簡稱。

· 面值20便士的主題是「出發」（The Departure）。

· 面值45便士的主題是「船上甲板」（The Boat deck）。

· 面值50便士的主題是「撞到
　冰山」（The Iceberg）。
· 面值1英鎊的主題是「下沉
　中」（The Sinking）。

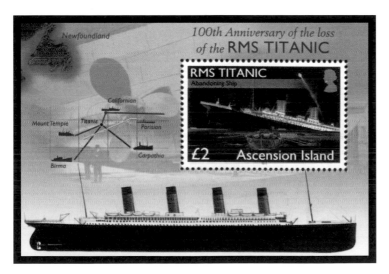

· 小全張面值2英鎊，郵票的主題是「棄船」（Abandoning Ship）、圖案是鐵達尼號正在下沉
　中。小全張圖案的右上印「100th Anniversary of the loss of RMS TITANIC」即「失去鐵達
　尼號一百週年紀念」之意，左上是紐芬蘭（Newfoundland），左邊是鐵達尼號的遇難處以
　及當時在附近海域的五艘船舶──在北方的「加利福尼亞人號」（Californian）、在東方的
　「巴黎人號」（Parisians）、在東南的「喀帕西亞號」（Carpathia）、在西南的「伯瑪號」
　（Birma）、在西方的「寺院山」（Mount Temple），下方是鐵達尼號的船身側面全圖。

CHAPTER 2-6
如何處理貼在郵件的郵票

1 先確定是否要把郵票從郵件上剪下來
2 其次是決定要把連同有郵戳部分的紙片留起來
3 把剪下的郵票連同紙片放入容器的乾淨清水泡洗
4 要有耐心等待郵票脫離紙片，等待郵票全乾後才收起來保存

先看看郵件是否屬於特殊信封，如果是首日封或是紀念封等（通常在信封的左邊會印和郵票主題相關的圖案），那麼整個信封就應該好好保存，若將前述信封上的郵票剪下來，剩下的信封就如同廢紙一樣，剪下來的郵票和一般使用過的郵票價值相同。如果信件上的郵戳日期和地名很清楚，可以連同郵戳的紙片剪下來一起保存。剪郵票的時候要注意，切記不可剪得太靠近郵票，要稍微保持一些距離，如同行車標語：「保持距離、以策安全」，因為太近了稍不小心會剪到郵票的邊，將旁邊的齒孔剪掉，就失去了郵票的保存價值。

首先將確定要下水泡洗而貼在郵件上的郵票剪下，接著將剪下來的郵票連同紙片浸在盛著清水的臉盆或大杯子裏，郵票背面的黏膠（簡稱為背膠）被水溶解後，郵票就會脫離紙片，如果背膠很

容易被水溶解的，大約過了5分鐘郵票就會脫離紙片，通常的情況約在15至20分鐘、最慢的約在30分會脫離紙片。有些郵票的紙質較輕還會浮到水面上，所以欣賞郵票在浸水過程的變化，對初集者來說也是一種新奇的樂趣。其次將郵票撈出來，再用清水將背面的膠很小心地搓洗乾淨，然後將浸濕的郵票披在乾的毛巾上或是乾淨的白紙上，大約要等七、八個小時，讓郵票自然全乾後，就可以放入插票式的集郵冊，最省錢的方式就是放在乾淨的小塑膠盒裡保存。

另外泡洗郵票也可以培養一個人的耐性，如果郵票還沒脫離紙片，要有耐心去等待，在等待的期間可以去做其他的事。對於初次泡洗郵票的新手，都會抱著期待的心情，希望郵票很快脫離紙片，性子急的人等不到兩三分鐘，就忍不住將郵票撈起來要把紙片撕掉，幸運的只撕下一部分紙片，但往往因心急出手用力連郵票一起撕壞，實在很可惜。所以在泡洗郵票的時候，一定要有耐心去等待郵票的背膠被溶解後，郵票才會脫離紙片。●

Step1 將郵票從郵件剪下

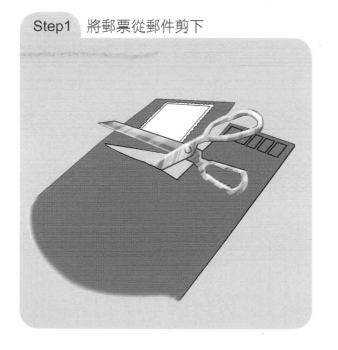

Step2　將郵票泡在清水中

Step3　將浸濕的郵票從清水中撈起

Step4　將浸濕的郵票披在乾的毛巾上或是
乾淨的白紙上

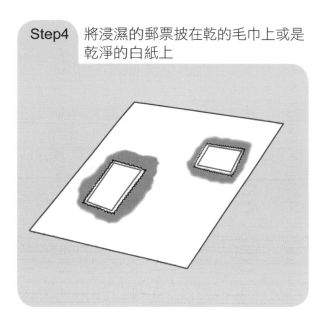

Step5　讓郵票自然全乾後，就可以放入插
票式的集郵冊

Chapter 2-7
集郵的工具和用品

① 集郵必備工具：郵票鉗、放大鏡、量齒尺
② 集郵必備用品：護郵袋、插票冊

1. 郵票鉗

在國內集郵界通稱「郵票夾」或簡稱「夾子」。

因為一般人的手指頭有時會流汗，直接用手指頭去拿郵票，汗漬會留在郵票上，經過一段時間會產生黃斑，如果手指頭沾了飲料，再去拿郵票，接觸過的部位甚至會變質成為暗棕色痕跡，降低郵票的價值，所以為了避免受到污損，集郵者一定要用郵票鉗來挾郵票，在整理和欣賞郵票之前也要養成把手洗乾淨的好習慣。

郵票鉗採用不鏽鋼材質製成，好的郵票鉗必須具備兩個要件，一是富有彈性，挾郵票的時候感覺輕鬆自如；二是鉗端扁平滑順，夾的時候兩片鉗端要吻合。

2. 放大鏡

為了進一步欣賞郵票精美的圖案，那就要買一把放大鏡，仔細瞧

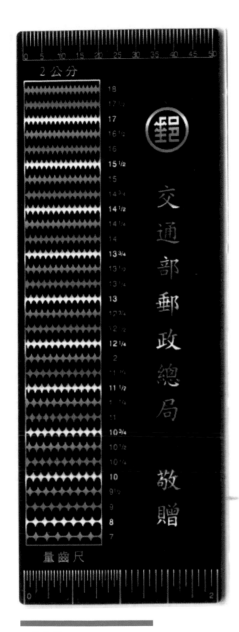

·量齒尺

一瞧其中精采、細緻、奧妙的所在，這也是集郵的另一項樂趣，一般集郵者購買5倍放大率的放大鏡就可以。

3. 量齒尺

郵票齒孔的大小度是指一排或一列齒孔當中兩公分內所打的齒孔數目，例如在兩公分的長度打了12個圓孔，就稱為12度，圓孔大的數目就少，圓孔小的數目就多。量齒尺就是為了量郵票的齒度而製造的工具，量齒尺上印有不同的齒度，從兩公分長之內打7孔的7度到兩公分長之內打18孔的18度。使用法就是將郵票的齒孔去比對量齒尺上印的各排齒孔，比到齒孔完全吻合，然後再看各排一端或兩端註記的度數，就可確定該枚郵票的齒度。

有的郵票四邊的齒度完全一致，有的郵票橫向邊和直向邊的齒度不同。有些常用票在添印時為了區別起見，添印版的齒度和最初版的齒度不同，因此利用量齒尺可以辨別郵票的印刷版次。有的版次發行量比較少，價格就比較貴。

德國在1948年9月1日發行一套常用普通郵票，其中一款面值20分尼，圖案主題是位於柏林市中心的布蘭登堡大門，但有兩種不同版式。

- 左：上下邊和左右邊的齒度都是11度
- 右：上下邊和左右邊的齒度都是14度

由於後者的數量較少，所以目錄價格是前者的6倍。

為了提倡集郵，鼓勵青少年培養集郵興趣，印製集郵專題郵票1組，我國郵政在1972年（民國61年）8月9日、第10屆集郵節發行。

- 面值1.00元：「首日封表達時間的記錄」
- 面值2.50元：「用放大鏡欣賞集郵冊上的郵票，表達怡情的主旨」
- 面值8.00元：「左側印放大鏡、右上印量齒尺、右下印郵票鉗，表達集郵的工具和用品」

為了推廣集郵風氣，以整理與鑑賞郵票為主題，印製集郵專題郵票，我國郵政在1982年（民國71年）8月9日、第20屆集郵節發行。

- 面值2元：「用郵票鉗挾郵票」
- 面值18元：「用放大鏡欣賞插票冊上的郵票」

墨西哥在1976年5月7日發行一款1976年費城國際郵展
（Interphil 76，展期：5月29日至6月6日）紀念郵票。

·面值1.60披索：圖案主題是標記從11度至14½度的量齒孔，右
  上印費城國際郵展的標誌和西班牙文「Exposición Filatélica
  Internacional」即「國際郵展」之意，右下印「AEREO」即
  「航空」之意。本款郵票是幾度呢？（14度）

位於巴哈馬群島東南端、英國所屬的特克斯和開口斯群島
（TURKS & CAICOS）在1980年5月6日發行一組1980年倫
敦國際郵展（展期：5月6日至14日）紀念郵票。

·面值25分：「用放大鏡欣賞郵票，郵票下面是量齒尺」
·面值40分：「用郵票鉗挾郵票，郵票下面是量齒尺」

4. 護郵袋

為了保護郵票、信封、片卡等集郵品免於受到污損（郵票最怕受潮黏在插票冊
上和變黃）而製造的集郵用品，因為最早期的製品是用玻璃紙摺成的小袋子，
所以習慣稱為護郵袋。現今採用高級塑膠薄片做成長條形，有各種不同的尺寸
規格，適用於各種不同長寬幅度的集郵品。近年來最受集郵者喜歡的是由透明
塑膠薄膜製成的護郵袋，製造過程很簡單，將選定好尺寸的長方條塑膠薄膜先
用壓平機對摺，接著依所需尺寸切成一小段，然後將兩邊經高溫壓合，只留一
邊開口，集郵者用郵票鉗將集郵品挾入當中，由於新款護郵袋既薄又輕，所以
秤重量按半公斤或一公斤出售。

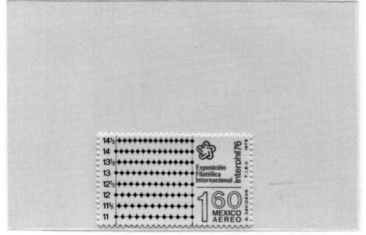

‧護郵袋

5. 插票冊

為存放郵票而設計、製造的專用簿冊,也稱做插票簿。有各種不同的格式,依固定與否可分為固定式和活頁式,依材質可分為紙片式和塑膠片式。活頁紙片式的有單面式和雙面式的兩種,活頁塑膠片都是雙面式,每一面分成從七或八行格到一行格等款式,一行格存放大全張、兩行格存放小全張或小型張、八行格存放票幅最小的郵票。

· 德意志聯邦郵政（DEUTSCHE BUNDESPOST）在1989年4月20日發行一款「在法蘭克福舉行的國際集郵文具用品展」（INTERNATIONALE PHILATELISTISCHE LITERATUR AUSSTELLUNG FRANKFURT AM MAIN 簡稱IPHLA'89）附捐郵票，面值「100＋50」分尼，圖案是象徵郵票冊和郵差使用的吹號（在19世紀以前的歐洲郵差佩戴黃銅製的吹號，在出發前或到達時吹、提醒民眾趕快來交遞或領取信件）。

附圖是蓋發行首日紀念戳的圖卡，一位集郵者正在閱覽郵票目錄，桌上放著集郵雜誌和插票冊。

現今集郵者大都選用塑膠片式的，因為郵票放在其中可免於受潮後黏在上面，也不用再買護郵袋，可以說是省錢又省事。集郵者將郵票插入放在插票冊裏面，除了供自己欣賞，還可和郵友共同欣賞、互相交換集郵心得及意見，享受另類集郵樂趣。●

CHAPTER 2-8
集郵品的品相和如何保存集郵品

① 品相是指郵品外觀的相貌，做為集郵品的品相可分級為「極優」、「極佳」、「佳」、「較可」、「可」。

② 整理集郵品之前，把手弄乾淨。用郵票鉗去挾集郵品。集郵品放入護郵袋或是塑膠片。集郵簿應直立擺放。避免集郵品被日照。保持集郵品的乾淨。

品相是指郵品外觀的相貌，英文稱為「CONDITION」就是指郵品的狀況。品相的評定要項依重視度，分為是否有摺痕或裂痕、齒孔是否完整、紙質是否有黃斑或污點、背膠是否脫落或有貼痕、刷色是否有褪色。未使用過的郵票更是注重背膠，大約在1950年代以前護郵袋尚未普及，集郵者保存郵品的方法就是用附黏膠的小貼紙（英文稱為HINGE）將郵品黏貼在貼票簿上，小貼紙已經對摺過，無膠的一面朝內、背膠的一面朝外，將背膠面的半部黏貼在郵品的背面、另一半部黏貼在貼票簿上。如果只用少許的水去黏貼郵品，將來從貼票簿上輕輕一拉就可以取下來，小貼紙也很容易從郵品的背面取下來而只留下輕微的貼痕，英文稱為LIGHTLY HINGED（輕貼之意，簡稱LH），如果小貼紙撕不下來而黏在背面，英文稱為HEAVILY HINGED（重貼之意，簡稱HH），有些集

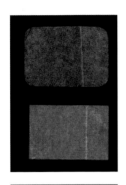

· 郵票背面黏著小貼紙

郵者硬要撕去小貼紙，結果連同郵品背面的上層紙撕下來，造成郵品紙張變薄，英文稱為THINNED，災情嚴重者將郵票撕破了，英文稱為TEAR。至於沒有被黏貼過的郵品，英文稱為NEVER HINGED（未貼之意，簡稱NH）。

歐美郵商對品相的分級如下：

（1）Superb（簡稱S，「超級」）或Extremely Fine（簡稱EF，「極優」表示如同剛從郵局買到全新並且非常完美的郵品）

（2）Very Fine（簡稱VF，「極佳」表示無瑕疵並且完好的郵品、未用票有輕貼）

（3）Fine（簡稱F，「佳」表示無瑕疵的郵品、未用票有重貼）

（4）Very Good（簡稱VG，「較可」表示只有小瑕疵的郵品）

（5）Good（簡稱G，「可」表示雖有較多小瑕疵但還可接受的郵品）

（6）品相有嚴重瑕疵者通稱Fault 列入Poor（劣等）就不值得去收集。

在國外的集郵者大概只集到Fine（佳）等級，除非是二十世紀初期之前的郵品才會集到Good（可）等級。現今國內的分級稱呼有極優品、極佳品、佳品、中品、下品等。

· 民國34年11月4日發行「中華民國臺灣省」暫用郵票,因當時沿用日本統治時期的臺幣,而臺灣剛光復來不及印新版郵票,所以將日本統治臺灣末期(正值第二次世界大戰末期)在臺灣印製的郵票加蓋「中華民國臺灣省」,原票由臺灣出版社印製,當時物資缺乏,紙質較差,品相好的舊票則更少。本款郵票,面值五圓,圖案主題是日本醒醐天皇時代的右大臣——菅原道真,因紙質差所以表面有皺紋,所以勉強算是較可的品相。

民國58年8月14日發行一套航空郵票。

· 面值2.50元右邊齒變暗褐色,算是可的中品相。

· 面值5.00元左上邊齒有些微黃,算是佳品。

· 面值8.00元右下缺一齒,算是較可的中品相。

· 加拿大在1997年發行的常用普通郵票,面值加拿大幣8元,圖案主題是灰熊,很可惜在右上角缺了一小部分,算是下品。

當然集郵者都希望買到品相好的集郵品，品相好的集郵品價格自然也就比較高，品相差的集郵品價格自然也就比較低。同樣的集郵品，品相好的和差的，價格相差很大；由其是越早期的集郵品，各級的價差就越大，集郵界有句警惕名言：「郵票現黃斑，價值去一半」，所以集郵者應該懂得如何保存集郵品。●

如何妥善保存郵品？

（1）整理集郵品之前，要先洗手，洗完手後，把手擦乾淨。

（2）一定要用郵票鉗去挾集郵品。

（3）台灣屬於亞熱帶和熱帶海島型氣候，雨量豐沛，空氣濕度高，不利集郵品的保存。因此要妥善保存集郵品就需格外留意，儘量避免在雨天或濕度高的時日整理集郵品。

（4）將集郵品放入護郵袋或是插票用的塑膠片，尺寸較大的集郵品如郵摺、專冊等可放在塑膠整理箱內，以避免受潮變質。

（5）插票冊或其他格式的集郵簿應直立擺放在書櫃裏或防潮箱裏，切勿橫躺或重疊，避免集郵品造成壓痕。

（6）集郵品不可暴露於陽光下，因為被陽光照過，會產生褪色。

（7）天氣晴朗乾爽時，記得將插票冊、集郵簿或箱子裏的集郵品拿出來翻閱、透風。在炎熱的夏天，家裏如有開冷氣時，可以將集郵品和集郵簿拿出來吹吹冷氣。

展現集郵收藏品

CHAPTER 3-1
郵展和郵集

什麼是「郵展」呢？原來集郵是種高尚又有趣的嗜好，一八六〇年代在英國、法國就有愛好集郵的人士為了交換及欣賞集郵品而組成社團，巴黎的集郵愛好者們就開始自發性地聚集在皇家花園裡交換郵票藏品，巴黎的郵市逐漸形成規模。英國最古老的倫敦皇家集郵協會則在1869年正式成立，會員們希望透過舉辦觀摩性質的郵票展覽來吸引更多同好，加上一些熱心郵票商人的贊助，於是有了集郵展覽會，在臺灣簡稱為「郵展」。

最初的郵展就是把集郵品放在鏡框裡展示，對於產出的框數和頁數都沒有規範，直到第二次世界大戰後，歐美各國因經濟發展，集郵人口增多，各國郵局、郵會紛紛舉辦大規模的郵展，到了一九七〇年代世界各大集郵組織漸漸有了共識，郵展的每一框架內有四排透明的夾頁支撐板，現今的框架採用鋁合金製造、框面和夾板用壓克力板製成，因為每一排可夾放四片展示頁，因此每一框可夾放16頁。當今一般郵展都要求展出的郵集必須要有五框（最多八框）、也就是要有80頁的展品。

「郵展」專題郵票

1926年6月18日，德國、奧地利、比利時、法國、荷蘭、瑞士和捷克斯洛伐克等七國的集郵家相聚於法國巴黎，召開了國際集郵聯合會（法文：Fédération Internationale de Philatélie）成立大會，比利時的威利・比格伍德（Willy Bigwood）被選為該會首屆主席。國際集郵聯合會成立後，就將會務集中於郵展工作。

· 美國在1966年5月23日發行一款小全張，紀念1966年5月21日至30日在首都──華盛頓舉行的第6屆國際郵展（SIXTH INTERNATIONAL PHILATELIC EXHIBITION, WASHINGTON D.C. 1966），內含一枚面值5分的郵票，小全張下方是以素描方式繪出華盛頓最著名的地標──高聳的華盛頓紀念碑和國會議事堂、並印「DISCOVER AMERICA」即「發現美國」之意，最下邊印當時美國郵政部總長（POSTMASTER GENERAL OF THE UNITED STATES）之簽名「*Lawrence F. O'Brien*」。

· 1964年巴黎郵展的入場券，上印郵展場所：「GRAND-
  PALAIS DES CHAMPS-ELYSEES」即「香榭麗舍大宮」，
  郵展期間：「du 5 au 21 Juin」即「從6月5日至21
  日」，入場費「ENTREE」：3.00法郎。

· 摩納哥在1976年5月3日發行國際郵聯會
  成立五十週年紀念郵票，面值1.20法郎，
  中心圖案是該會的標記。

· 法國在1964年6月5日發行一款郵票，紀念1964年6月5日至21日在首都——巴黎舉行的郵展
  （PHILATEC PARIS），面值1.00法郎，中心圖案是象徵當時最高科技的三節式太空火箭將通
  訊衛星送上軌道，下方是電訊的收發天線和一排高塔，左下是古代騎馬的郵差。郵票上邊相連
  的邊紙（集郵術語稱為版銘）印巴黎郵展標誌。本款郵票的售價因包含郵展入場券3法郎，所
  以共計4法郎。

捷克斯拉夫（ČESKOSLOVENSKO）在1967年10月30日發行一組為1968年布拉格世界郵展的宣傳郵票包含7款，圖案主題是各國首都的著名建築物，郵票下方附一枚無面值的宣傳貼紙：印1968年布拉格世界郵展的標誌及各國文字的世界郵展。由於本組做為航空郵票使用，所以圖案上方刻印不同種類的民用飛機。

· 面值30h：布拉格城堡中間的尖塔是聖維塔大教堂（sv.Víta），右上是1962年在布拉格舉行的世界郵展標誌，左上是捷克自製的「空中計程車」（Aerotaxi）L200型小飛機。宣傳貼紙：印1968年布拉格世界郵展的標誌及斯拉夫文的世界郵展。

· 面值60h：土耳其的伊斯坦堡地標——蘇菲亞大教堂（後來被改為回教的Selimiye清真寺），右上是1963年在伊斯坦堡舉行的世界郵展標誌，左上是英國的三叉戟式（Trident）噴射客機。宣傳貼紙：印1968年布拉格世界郵展的標誌及土耳其文的世界郵展。

· 面值1Kčs：巴黎的地標——城市島（西堤島）（Ile de la Cité）中的聖母大教堂（Notre-Dame），左上是1964年在巴黎舉行的世界郵展標誌，右上是法國的輕帆船式（Caravelle）噴射客機。宣傳貼紙：印1968年布拉格世界郵展的標誌及法文的世界郵展。

- 面值1.40Kčs：維也納的地標——倍華得麗（Belvedere）宮，左上是1965年在維也納舉行的世界郵展標誌，最左上是英國的子爵式（Viscount）渦輪螺旋槳客機。宣傳貼紙：印1968年布拉格世界郵展的標誌及德文的世界郵展。
- 面值1.60Kčs：華盛頓的地標——美國國會（Capitol），右上是1966年在華盛頓舉行的世界郵展標誌，左上是美國的波音707型噴射客機。宣傳貼紙：印1968年布拉格世界郵展的標誌及英文的世界郵展。
- 面值2Kčs：荷蘭首都——阿姆斯特丹舊市區，右上是1967年在阿姆斯特丹舉行的世界郵展標誌，左上是美國的道格拉斯DC-8型噴射客機。宣傳貼紙：印1968年布拉格世界郵展的標誌及荷蘭文的世界郵展。

- 面值5Kčs：右前是布拉格高地城堡的聖彼得與聖保羅大教堂，右後是布拉格的舊城區、左後是布拉格城堡的教堂，左上是蘇聯的Tu-134型噴射客機，最右下角是布拉格世界郵展的標誌。而本枚郵票最引人入勝之處就是圖案右方的浮爾塔瓦（Vltava）河上橋樑，共五座由前至後依序是：

第一座Železniční most鐵道橋，建於1901年，長300公尺。

第二座Palackého most帕拉基橋（紀念歷史學家František Palacký生於1798年、1876年），建於1878年，長228公尺。

第三座Jiráskův most紀拉斯克橋（紀念文學家Alois Jirásek 生於1851年、逝於1930年），建於1933年，長250公尺。

第四座Most Legií兵團橋（紀念捷克志願兵團在第一次世界大戰期間對協約國的犧牲與貢獻），建於1901年，長360公尺。

第五座Karlův most就是最著名的「卡爾橋」（英文稱為Charles音譯為查理士橋）。建於1357年，於15世紀初完成。長515.7公尺，寬9.5公尺，有16個橋拱。

國際郵聯會為了鼓勵青少年參與集郵活動，1969年4月3日至8日選在西歐地理最中心的盧森堡舉辦了首屆國際青少年郵展。

· 在郵展首日即4月3日發行一款郵展紀念小全張，內含三枚郵票，由左至右分別是面值3法郎、圖案主題：洋娃娃。面值6法郎、圖案主題：手球運動員。面值13法郎、圖案主題：書、球和羅盤指標圖樣。此款小全張僅在郵展會場內郵局出售，所以得連同入場券購買，售價共計40法郎。

· 郵展入場券，售價18法郎，右聯最右側印「F.I.P.」即國際郵聯會的法文簡稱。

（郵票實際尺寸：圖片尺寸=1：0.8）

位於加勒比海、英國所屬的安吉拉（ANGUILLA）在1979年12月10日發行一組郵票包含四款，紀念1980年5月6日至14日在倫敦舉行的國際郵展（LONDON 1980 INTERNATIONAL STAMP EXHIBITION 6-14 MAY）。

- 面值35分圖案左邊是賣集郵品的攤位、右邊是郵友們觀賞展框的郵集。
- 面值50分圖案是1980年倫敦郵展的場所──「EARLS COURT Exhibition Centre」（伯爵宮廷展示中心，位於倫敦市中心）。
- 面值1.50元圖案是英國發行的黑色1便士（ONE PENNY）和藍色2便士（TWO PENCE）郵票。
- 面值2.50元圖案是1980年倫敦郵展的標誌。

　　注：儘管「郵展」專題郵票的種類甚多，但是郵票圖案顯示「攤位和展框」卻是極少見的一款。

至於什麼是「郵集」呢？就是將所收集的郵品加以整理和安排後貼在展示紙張、並在紙張上做簡單扼要的說明，最早是用鋼筆來寫字、後來用打字機來打字，如今就用個人電腦來打字或繪製圖案，可以說是簡單又方便。

1980年代歐美各國郵局和郵會為鼓勵青少年集郵，紛紛舉辦青少年郵展。但是一般青少年的收集品較少，要湊到八十頁的確不容易，因此集郵界人士就提議三框、兩框也可以參加青少年郵展，為了鼓勵初集者和國小學童參展，就修訂為一框，也就是所謂的一框郵集。因為一框只有十六頁，參展者可以用最普通、最便宜的郵品組成一框，進而逐步擴展成二框、三框、四框，最後達到五框。

一框郵集可以當做一個起點，而郵品收藏豐富的集郵家，也可以選擇特殊的主題將精緻郵品呈現於展頁上，一框郵集的彈性很大可供集郵者好好發揮。郵集範例請見本書第243頁「飛機發展史」。●

CHAPTER 3-2
郵集的主題

製作郵集就像寫一篇文章，當然寫文章要先選定題目，製作一框
郵集也是要先選主題，製作郵集就是以郵票和相關的集郵品為主
體，而這些集郵品的圖案就得和主題相關。這些具有主題性圖案
的集郵品，在集郵界稱為主題集郵品，所組成的郵集則稱為主題
郵集，所以一框郵集就是屬於範圍較小的主題郵集。

「主題郵集」是如何形成呢？在1840年第一枚郵票問世後，就開
始有人收集郵票，直到1939年第二次世界大戰爆發前，全世界發
行郵票的國家和地區大約一百個，郵票的圖案以各國元首頭像和
當地的景物為主，種類不多，當時集郵人士大都以國別和地區別
來收集，由於英國和法國有很多屬地，所以在當時最風行收集英
國和法國屬地發行的郵票，尤其是小屬地發行的郵票更是吸引郵
迷。1945年第二次世界大戰結束後，被佔領的地區恢復獨立，紛
紛發行各種新專題郵票，美國的集郵界人士在1949年成立美國專
題協會（American Topical Association簡稱ATA），以倡導收集專
題郵票為宗旨，這就是最初有組織性的宣傳收專題郵票，結果影
響以往按地區別的集郵方式，也使得各國郵政當局開始注重發行
專題郵票。到了1960年代，非洲有很多國家獨立開始發行郵票，
圖案以當地特殊的動植物或景觀為主，不少國家也發行運動類、

太空類郵票，接著出現其他各種專題的郵票，各地集郵界人士逐漸轉為以圖案分類的專題收集方式，郵展也出現各種爭奇鬥豔的「主題郵集」，也就是從專題郵品組合成「主題郵集」。

初集者就以自己喜歡、有興趣或熟悉的事物來選專題，當然先從本國發行的郵票和相關集郵品著手來挑選和收集，中華郵政公司在網頁上也提供各種專題供集郵者選擇，搜尋方式：先鍵入「中華郵政公司全球資訊網」，然後在「集郵資訊」一行中的「集郵專區」點入，再點入「集郵類別」的「我要去逛逛」，接著出現「專題類」等九類，再依序點入各類的說明。另外在「集郵資訊」一行中的「郵票寶藏」點入，畫面出現後在左邊有「郵票分類」和「所有分類」欄位，分別一點之後就會出現「七大類郵票」和「各種專題」，按自己的興趣分別點選後搜尋。

據全世界最著名的美國SCOTT郵票目錄公司的統計，發行種類較多的專題有卡通人物、童話、飛機和太空、鐵路車輛、汽車、船、蝴蝶和鳥類、花卉、鯨魚和海豚、動物、名畫、音樂家、建築與風景等類。

太空類專題郵票

1. 全世界的第一次太空人飛行──蘇聯的「東方號」計畫

蘇聯在1961年4月12日啟動代號：「東方一號」（Восток-1）的太空飛行任務，發射「東方3KA」型太空飛行器（spacecraft俗稱太空船）第一次載太空人「由里・軋軋林」（Yuri Gagarin生於1934年3月9日，1968年3月27日死於試飛失事）繞地球一周飛行成功。

「東方6號」太空飛行任務：1963年6月16日09時29分52秒發射「東

方3KA」型太空飛行器，第一次載女太空人「瓦蓮緹娜・特蕾秀可娃」（Valentina Tereshkova）繞行地球48周成功，歷時兩天22小時50分，1963年6月19日08時20分平安降落於一處農場，也結束了「東方號」太空飛行任務。

・蘇聯（CCCP）在1961年4月13日發行一款郵票，紀念1961年4月12日第一次載太空人「軋軋林」的「東方一號」飛行成功，面值3K，中心圖案是「軋軋林」肖像，左邊是「東方1號」，右邊是「軋軋林」獲頒的勳章。

・蘇聯（CCCP）在1963年6月22日發行一款郵票，紀念1963年6月16日第一次載女太空人「特蕾秀可娃」的「東方六號」飛行成功，面值6K，圖案右方是「特蕾秀可娃」肖像，背景印一朵慶賀的康乃馨及飛行中的「東方6號」。

・蘇聯（CCCP）在1963年7月19日發行一款郵票，紀念1963年6月16日「東方6號」第一次載女太空人「特蕾秀可娃」飛行成功，面值10K，中心圖案是「特蕾秀可娃」肖像，左上印飛行中的「東方6號」。

· 羅馬尼亞郵政（POSTA ROMINA）在1964年1月15日發行一組太
空人專題郵票，其中面值5BANI、面值1.40LEI的中心圖案分別是蘇
聯第一位太空人「軋軋林」、第一位女太空人「特蕾秀可娃」（背
後印蘇聯國旗）。

· 馬爾地夫共和國（REPUBLIC OF MALDIVES）在1974年2月1日發行
一組太空專題郵票，其中面值3L的圖案主題是第一位太空人「軋軋林」
（圖左是「東方1號」）、面值4L的圖案主題是蘇聯第一位女太空人「特
蕾秀可娃」。

2. 美國第一次太空人飛行

· 美國在1962年2月20日發行一款實施「水星計畫」
（PROJECT MERCURY）宣傳郵票，面值4分以及
「U.S. MAN IN SPACE」（美國人在太空）印在圖案左
下處，水星計劃是美國國家航空暨太空總署在1959年至
1963年執行的太空飛行計劃。1962年2月20日美國的
友誼七號（Friendship 7）太空艙由太空人葛林（John
Herschel Glenn, Jr.）操控完成美國第一次載人太空艙
在軌道上繞行4小時55分23秒，成功返回地球後，官方
消息一公佈，當時造成轟動全球，此款郵票的發行也吸
引全球郵迷爭先購買，美國郵政總局公佈總共印製了2億
8924萬枚。

3. 蒙特利爾環球博覽會

南斯拉夫（JUGOSLAVIJA）在1967年6月26日發行一組「1967年蒙特利爾環球博覽會」紀念郵票共六款，並且紀念在南斯拉夫首都──貝爾格勒（Belgrade）所舉行的國際太空航行聯盟第18屆會議（18th Congress of the International Aeronautical Federation 1951年成立，設於巴黎的非政府組織）。圖案以當時美國、蘇聯和歐洲的太空飛行器為主題，左上印1967年蒙特婁世界博覽會的標誌。

· 面值0.30 Dinar第那：上是蘇聯發射成為世界上第一顆進入地球軌道的人造衛星──「衛星一號」（俄文СПУТНИК-1音譯為史普特尼克），中是「探險者一號」（EXPLORER 1），右下是地球的東半球顯示歐、亞、非三洲。

1957年10月24日史普特尼克一號在毫無預告之情況下成功發射，導致美國的極大恐慌，並造成所謂的「史普特尼克危機」，因此引起美蘇兩國之後持續20多年的太空競賽，成為冷戰期間中美蘇兩強的一個主要競爭項目。史普特尼克一號以96.28分環繞一周，任務持續期間共3個月，直到1958年1月4日返回大氣層時焚毀。

「探險者一號」是美國受到史普特尼克一號的刺激，在1958年2月1日發射成功的第一顆人造衛星，以114.8分環繞一周，至1958年5月23日失去電力，任務期間共111天，直到1970年3月31日掉落太平洋

· 面值0.50 Dinar第那：由上至下是美國在1960年4月1日發射的世界第一顆氣象人造衛星「太羅斯一號」（TIROS I）、美國在1962年7月10日發射的世界第一顆通訊人造衛星「電傳星」（TELSTAR）、蘇聯在1965年8月23日發射成功的第一顆軍事通訊人造衛星「閃電」（МОЛНИЯ），右下是地球顯示歐、亞、非三洲。

TIROS 係Television Infrared Observation Satellites「電視紅外線觀測衛星」之簡寫，「太羅斯一號」以99分環繞一周，直到1960年6月15日電力系統故障，任務期間共78天（比預期少15天）。

TELSTAR雖然只運用到1963年2月21日，但根據美國太空觀測單位證實直到2008年6月還在軌道上運行。

· 面值0.85 Dinar第那：蘇聯在1966年1月31日發射、2月3日軟著陸於月球表面的「月球九號」（ЛУНА 9）探測器和月球軌道（LUNAR ORBITER）人造衛星，左上是地球顯示歐、亞、非三洲。2月7日，月球9號終於因為電力耗盡而結束了工作。它是世界上第一顆成功地軟著陸於月球的月球探測器。

- 面值1.20 Dinar第那：上是美國在1964年11月28日發射的「水手四號」（MARINER 4）探測器、下是蘇聯在1965年11月16日發射的「金星三號」（BEHEPA 3）探測器，左上是金星。

  「水手四號」是一系列行星探測中的第四個，經過七個半月的飛行，1965年7月14日、7月15日飛越火星，成為第一個成功飛越火星的探測器，它傳回了第一張火星表面的照片，這張充滿了隕石坑穴、一片沉寂荒涼的照片，震驚了科學界。至1967年12月21日，才失去連絡。

  「金星三號」在1966年3月1日撞到金星的表面，成為第一個著陸於外星球的太空飛行物。

- 面值3.00 Dinar第那：由上至下是蘇聯在1960年代發射的「東方號」（BOCTOK）太空飛行器（為了人類在太空飛行所準備），中右是美國在1964年至1966年的十次載人太空飛行計畫所使用的「雙子星」（GEMINI）飛行器（俗稱太空船）和中左在太空會合用的「阿根那」太空目標運輸器（AGENA全名Agena target vehicle），左下是地球主要顯示亞洲。

- 面值5.00 Dinar第那：太空人在太空中漫步，右下是地球的西半球顯示南北美洲。

南蘇聯在1965年3月18日發射載兩名太空人的「黎明2號」（英文音譯Voskhod 2俄文ВОСХОД-2）太空飛行器，分別是貝利亞也夫（Pavel Belyayev生於1925年、1970年死於腹膜炎）和雷奧諾夫（Alexei Leonov生於1934年、1991年退休，如今健在），雷奧諾夫的艙外活動在1965年3月18日8時34分51秒開始，進行12分9秒的太空漫步，在8時47分00秒結束，成為世界上第一位在太空漫步的太空人，「黎明2號」共繞行軌道17回，並創下離地面475公里的飛行紀錄，共繞行軌道17回，在1965年3月19日9時02分17秒返回地面，任務共費時1天2小時2分17秒。雷奧諾夫的首次太空漫步，對蘇聯執政當局而言似乎又扳回面子。

‧蘇聯在1965年3月23日發行一款郵票，紀念「黎明2號」繞行成功，面值10K，圖案主題是貝利亞也夫在艙內操控「黎明2號」，雷奧諾夫做太空漫步、手持錄影機拍攝。

‧蘇聯在1965年5月23日發行一款郵票，紀念「黎明2號」繞行成功，共兩款，面值皆為6K，圖案主題是穿太空裝的貝利亞也夫（左）、圖案主題是穿太空裝的雷奧諾夫（右）。

‧羅馬尼亞郵政（POSTA ROMAINA）在1965年8月25日發行一組太空專題郵票，其中面值1.75LEI的圖案主題是「黎明2號」，上方印太空人雷奧諾夫離開「黎明2號」在太空漫步，左下是雷奧諾夫、右下是貝利亞也夫。

4. 雙子星太空計畫

「雙子星」（Gemini）太空計畫係因一個飛行器可載兩名太空人而取名，美國在1964年4月8日首次發射無載人的「雙子星1號」，繞行軌道64回，任務共費時3日23小時。1965年3月23日發射首次載兩名太空人的「雙子星3號」（GEMINI 3），繞行軌道3回，任務所需時間4小時52分31秒，操控的太空人是格里森（Virgil Ivan Grissom）和楊格（John Watts Young）。

・羅馬尼亞郵政（POSTA ROMAINA）在1965年8月25日發行一組太空專題郵票，其中面值3.20LEI的圖案主題是「雙子星3號」，上方印「雙子星3號」在軌道繞行，下方印兩名太空人在太空艙內操控。

美國在1965年6月3日15時15分59秒發射「雙子星4號」，操控的太空人是麥第維特（James Alton McDivitt）和懷特（Edward Higgins White II），繞行軌道62回，任務共費時4日1小時56分2秒，在6月17日17時12分11秒安全返回降落於海面。此次最重要的任務就是進行太空艙外的活動（Extravehicular activity），也就是通稱的太空漫步（Spacewalk），太空人懷特在1965年6月3日19時34分打開艙門、19時46分步出艙門，接著做20分鐘的太空漫步，在20時06分結束、進入艙門、20時11分關閉艙門，懷特成為美國第一位（世界第二位）在太空漫步的太空人。

· 美國在1967年9月29日發行一款雙聯郵票,面值均為5分,左聯印太空
人懷特在太空漫步,右聯印「雙子星4號」太空船。

1966年11月11日至15日做最後一次(第十次載人)的「雙子星12
號」載人太空飛行,操控的太空人是羅威爾(James Arthur Lovell,
Jr.)和愛得林(Edwin Eugene "Buzz" Aldrin),繞行軌道59回,任
務共費時3日22小時34分31秒。

5. 阿波羅計畫

「阿波羅計畫」(Project Apollo)或稱為「太陽神(希臘原文之意)計畫」,
係美國國家航空暨太空總署自1961年到1972年進行一系列的載人登月任務,在60
年代的十年中主要致力於完成載人登上月球並且安全返回地球的目標。

阿波羅11號是阿波羅計劃中的第五次載人任務,是人類第一次登月任務,三位
執行此任務的太空人分別為指令長阿姆斯壯(Neil Armstrong)、指令艙操控員
柯林斯(Michael Collins)與登月艙操控員愛得林(Buzz Aldrin)。1969年7月
16日13時32分發射升空,1969年7月20日20時17分43秒降落月球表面,阿姆斯壯
和愛得林成為了首次踏上月球的人類,在月表行走時間為2小時31分鐘40秒,共
計在月表停留時間為21小時36分鐘20秒。

1969年7月24日16時50分35秒太空船安全返回地球,降落於威克島(Wake
Island)以東2,660公里的太平洋海面,任務時間8天13小時18分鐘35秒。

· 格雷那達（GRENADA）在1969年9月24日發行一
組阿波羅11號紀念郵票，其中面值1/2分的圖案主
題是太空人阿姆斯壯採集月球岩石，左上印 "WE
CAME IN PEACE FOR ALL MANKIND" 即「我們
為全人類的和平而來」之意。

· 位於中東的卡達（QATAR）在1969年12月6日發行一組阿波羅11號紀念郵票，其中面值
1DIRHAM的圖案主題是太空人阿姆斯壯，面值2DIRHAMS的圖案主題是太空人愛得林，
面值3DIRHAMS的圖案主題是太空人柯林斯。

之後進行阿波羅12、13、14、15、16號都成功完成登月任務，17號為最後一次。

6. 最後一次登月的阿波羅17號

阿波羅17號是阿波羅計劃中的第十一次載人任務,是人類第六次也是至今最後一次成功登月的太空任務,也是阿波羅計劃中唯一一次在夜間發射,為阿波羅計劃畫上完美句點。在1972年12月7日升空,1972年12月11日登月,月球表面停留時間74小時59分鐘40秒,1972年12月19日回到地球,任務時間12天13小時51分鐘59秒。本次任務的三位太空人:

★尤金・塞南(Eugene Cernan,曾執行雙子星9A號、阿波羅10號以及17號任務)擔任指令長。

★羅納德・埃萬斯(Ronald Evans,曾執行阿波羅17號任務)擔任指令/服務艙操控員。

★地質學博士哈里森・施密特(Harrison Schmitt,曾執行阿波羅17號任)擔任登月艙操控員,阿波羅計劃中唯一的一位科學家,他和塞南在三次月球行走時收集了111公斤的岩石。

阿波羅17號創造了阿波羅計劃中的很多紀錄,包括最長的登月任務時間、最長的在月球表面走動時間(總共3次:22小時3分鐘57秒),阿波羅17號收集了最多的月球岩石,也在月球軌道中繞行最長的時間。●

多哥共和國（REPUBLIQUE TOGOLAISE）在1973年6月2日發行一組阿波羅17號（APOLLO 17）紀念郵票，其中面值30和40法郎是通用郵票（POSTES）、100和200法郎是航空郵票（POSTE AERIENNE）。

· 面值30F法郎的圖案主題是三位太空人，由左至右是「塞南」、「施密特」、「埃萬斯」，左上是阿波羅17號任務標誌。

· 面值40F法郎的圖案主題是太空人在月球表面操控月球車（VEHICULE LUNAIRE）。

· 面值100F法郎的圖案主題是太空人在月球表面發現橘色岩石（LA DECOUVERTE DE LA ROCHE ORANGE）。

· 面值200F法郎的圖案主題是阿波羅17號太空火箭在甘迺迪角（CAP KENNEDY）發射升空，右上是甘迺迪總統頭像。

CHAPTER 3-3
郵集的展品和編排

展品種類：參展郵集的集郵品除了郵票、小全張，還可以展出郵票或小全張的發行首日封、和主題相關的郵票原圖卡、信封或明信片蓋有和主題相關的郵戳、印有和主題相關的郵簡等。

展品的編排：依主題的屬性不同，例如交通工具類專題可以按發展時期來編排。以「飛機發展史」為例：

飛機發展史

以早期的試驗機和民用機為主體，依發展順序分為五個時期，並介紹每一時期的代表性機種，從萊特兄弟製造的「飛行者一號」飛機到最快速的協和式超音速噴射客機，共 15 款飛機。

查得在 1978 年發行，紀念萊特兄弟的「飛行者一號」試飛成功 75 周年
1910 年萊特兄弟製造的 Model R 型雙層翼飛機，又稱為萊特寶貝 Baby Wright

↓

↑
世界最快速噴射客機：英、法兩國共同開發的協和式超音速噴射客機

（郵票實際尺寸：圖片尺寸=1：0.7）

第一、冒險拓展時期

1.第一架動力飛行成功的飛機

美國萊特兄弟操控的「飛行者一號」（Flyer 1）

萊特兄弟製造的「飛行者一號」在 1903 年 12 月 17 日由歐維爾操控飛行 12 秒，
同日再由威布爾操控飛行 59 秒，完成人類史上的首次動力飛行。

美國發行　　　　羅德西亞發行　　　　美國發行

1978 年紀念萊特兄弟的「飛行者一號」試飛成功成為人類首次動力飛行 75 周年

賴比瑞亞在 1978 年發行

賴索托在 1978 年發行

「飛行者一號」　　歐維爾（弟）　威布爾（兄）

（郵票實際尺寸：圖片尺寸=1：0.7）

2.第一架飛越「英、法海峽」成功的飛機

法國的布列里歐操控 XI 型單翼飛機

1909 年 7 月 25 日，布列里歐操控 XI 型單翼飛機，由法國的卡來起飛，經過 32 分鐘，越過英國、法國間的多佛海峽（寬 36 公里），降落在英國的多佛古堡旁。

法國在 1934 年發行紀念布列里歐操控飛機、飛越「英、法海峽」成功 25 周年

剛果在 1977 年發行，布列里歐操控 XI 型單翼飛機，在英、法海峽上空飛行

賴比瑞亞在 1978 年發行，布列里歐操控 XI 型單翼飛機

（郵票實際尺寸：圖片尺寸=1：0.7）

3.第一架飛越大西洋成功的飛機

英國的阿寇克和布朗操控「維克斯‧維米」長程飛機

英國空軍阿寇克上尉和布朗中尉在 1919 年 6 月 14 日操縱經改裝的「維克斯‧維米」長程飛機,從紐芬蘭首府聖約翰起飛,經過 16 小時 27 分,以平均時速 190公里飛行 3040 公里,平安抵達愛爾蘭西部的克利夫登,因此得到一萬英鎊的鉅額獎金。

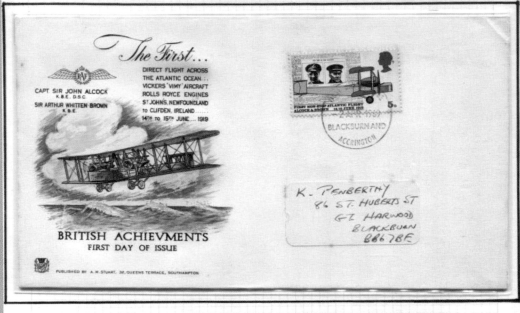

英國在 1969 年發行,紀念阿寇克和布朗操控長程飛機飛越大西洋成功 50 周年

匈牙利在 1978 年發行　　　　　聖多梅和太子島在 1983 年發行

(郵票實際尺寸:圖片尺寸=1:0.7)

4.第一架從英國飛到澳洲成功的飛機

澳洲的史密斯兄弟在 1919 年 11 月 12 日操縱經改裝的「維克斯‧維米」
長程飛機,從英國的倫敦起飛,經過南歐、埃及、中東、印度、泰國、
印尼等地,在 1919 年 12 月 10 日,飛抵澳洲北部的達爾文。

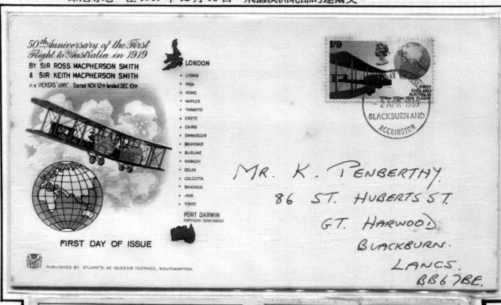

(郵票實際尺寸:圖片尺寸=1:0.7)

5.第一架個人單機飛越大西洋成功的飛機

美國的林白操控「聖路易精神號」長程飛機

美國飛行家查理・林白受到聖路易市民的贊助，在 1927 年 5 月 20 日駕駛「萊安 NYP1 型」（NY 表示 New York，P 表示 Paris）長程飛機，取名「聖路易精神號」，從紐約的長島出發，經過 33 小時 29 分，飛行 5809 公里，在 21 日晚上抵達巴黎，創下單人單機首次中途不停、橫越北大西洋的新記錄。

紀念林白個人單機飛越大西洋成功 50 周年

美國在 1977 年發行　　　　　　　剛果在 1977 年發行

賴比瑞亞在 1978 年發行

聖多梅和太子島在 1983 年發行

（郵票實際尺寸：圖片尺寸=1：0.7）

6.第一架飛越太平洋成功的飛行艇

美國的馬丁（MARTIN）M-130 型飛行艇—中國飛翦號

馬丁公司得到泛美航空公司的越洋飛行艇訂單，將 M-130 型內艙分成兩層，上層供飛行組員使用，下層改成臥鋪可載 12 名乘客。巡航時速 252.7 公里，可持續飛行 5150 公里。中國飛翦號在 1935 年 11 月 22 日從舊金山出發，經夏威夷、中途島、關島，在 11 月 29 日飛抵馬尼拉，完成橫越太平洋定期航線的首次飛行。

美國在 1935 年 11 月 22 日爲開辦橫越太平洋郵務貼用郵資而發行。

美國在 1937 年 2 月 15 日爲橫越太平洋郵務延伸至澳門、香港貼用郵資而發行。

菲律賓在 1935 年 12 月 8 日爲紀念菲律賓至美國的首次飛行

美國在 1985 年 2 月 15 日發行，紀念飛越太平洋空運郵務 50 周年，圖案是 1935 年首次飛行出發前，飛行員及工作組員正要登上飛行艇的情景。

第二、螺旋槳民航機時期

7.營運最久的中短程螺旋槳民航機

美國的道格拉斯（DOUGLAS）DC-3 型旅客機

道格拉斯在 1935 年 12 月 17 日推出性能更佳的 DC-3，1936 年 6 月 25 日美國航空公司將 DC-3 做紐約至芝加哥的首次直飛。在第二次世界大戰前已生產了八百多架，巡航時速達 340 公里，可持續飛行 3420 公里，載客數增加到 36 人。

阿富汗在 1965 年發行，紀念阿富汗航空公司成立 10 周年

中非共和國在 1972 年發行

南葉門在 1981 年發行，紀念民主葉門航空公司成立 10 周年
民主葉門航空公司的 DC-3 型旅客機

（郵票實際尺寸：圖片尺寸=1：0.7）

8.營運最久的中長程螺旋槳民航機

美國的道格拉斯（DOUGLAS）DC-4 型旅客機

1941 年 12 月 7 日珍珠港事變後，美國軍方接管 DC-4 型飛機的生產，改爲製造 C-54 型長程運輸機，巡航時速 450 公里，可持續飛行 6240 公里，載客 44 人，共造了 1163 架，戰後美國政府出售或出租了約五百架，被民航公司改爲旅客機。

美國在 1946 年 9 月 25 日發行 5 分航空郵票的首日實際封

第三、噴射客機時期

9.第一款長程噴射客機

英國的得哈維蘭（de Havilland）彗星式（Comet）4 型長程噴射客機
原形一號機在 1949 年 7 月 27 日初次試飛。1952 年 5 月 2 日，英國海外航空公
司的彗星式從倫敦起飛，前往南非的約翰尼斯堡，開創噴射客機的定期航班業務。
後來發生兩次解體爆炸，經調查才知機體強度不夠，經改造的彗星式 4 型在 1958
年 10 月 4 日，由倫敦首次飛抵紐約，載客 78 位，巡航時速 809 公里，可持續飛
行 5190 公里。

羅得西亞和尼亞沙蘭在 1962 年發行，紀念寄到倫敦的航空郵務開辦 30 周年
英國海外航空公司的彗星式 4 型夜間降落於沙利斯伯里機場

錫蘭在 1963 年發行，紀念首次正式航空郵務開辦 25 周年

聖馬利諾在 1963 年發行的航空郵資郵票，飛行中的彗星式 4 型長程噴射客機

（郵票實際尺寸：圖片尺寸=1：0.7）

10.我國第一架噴射客機—翠華號

美國的康維爾（CONVAIR）880型長程噴射客機

美國通用動力公司的康維爾部門製造，1960年5月15日加入營運，載客94至110位，巡航時速890公里，可持續飛行5450公里。

1961年發行民用航空四十周年紀念郵票
中國民航空運公司使用第一架噴射客機—「康維爾880型」，取名翠華號。

11.第一款營運成功的大型噴射客機

美國的波音（Boeing）707 型長程噴射客機

原型機在 1954 年 7 月首次試飛，量產的 707-120 型首先由泛美航空公司在 1958 年 10 月用於橫越北大西洋航線，載客 181 位。1959 年 1 月推出 320 型，載客增至 189 位，巡航時速 966 公里，可持續飛行 10,040 公里，合計各型共造了 967 架。

南非在 1961 年發行，紀念第一次航空郵務 50 周年
南非航空公司的波音 707 型噴射客機

巴布亞和新幾內亞在 1970 年發行，紀念澳洲和新幾內亞間航空郵務 25 周年
澳洲 QANTAS 航空公司的波音 707 型噴射客機

南葉門在 1981 年發行，紀念民主葉門航空公司成立 10 周年
民主葉門航空公司的波音 707 型噴射客機

（郵票實際尺寸：圖片尺寸=1：0.7）

12.營運最久的大型噴射民航機

美國的道格拉斯（Douglas）DC－8 型長程噴射客機

在第一代噴射客機市場與波音 707 平分佔有率的就是道格拉斯 DC－8，最初量產 DC－8－10 型在 1958 年 5 月完成初次飛行，做為美國長程國內線使用，接著發展 30 型做為國際線使用。1966 年 3 月試飛 61 型，載客 256 位，巡航時速 965 公里，可持續飛行 6035 公里。1966 年 8 月推出 62 型，載客 189 位，巡航時速 965 公里，可持續飛行 9640 公里，是當時飛行距離最長的客機。63 型應各民航公司要求，將載客增至 259 位，可持續飛行 7240 公里。合計 DC－8 之 50、60 系列共造了 556 架。

日本在 1967 發行紀念日本航空公司開辦世界一周飛行路線，使用 DC－8－61 型

瑞士在 1969 年發行，紀念瑞士航空郵務 50 周年
瑞士航空公司的 DC－8－62 型噴射客機

查得在 1970 年發行
非洲航空公司的 DC－8－62 型噴射客機從查得的首都－拉米堡機場起飛

（郵票實際尺寸：圖片尺寸=1：0.7）

第四、廣體客機大量空運時期

13.第一款廣體噴射客機

美國的道格拉斯（Douglas）DC-10 型中、長程噴射客機

DC-10 是應美國航空公司在 1966 年 3 月提出國內線需要廣體（widebody）客機而開發，由於每一排裝配九個座位，所以機體比當時的一般客機寬廣，因此稱為廣體客機。其最大特徵就是採用三具發動機，除左右翼各裝一具，另外在垂直安定板下部裝置一具。美國航空公司的 DC-10-10 型在 1971 年 8 月 5 日首次飛行於洛杉磯與芝加哥定期航線，巡航時速 925 公里，可持續飛行 4355 公里。

比利時在 1973 年發行，紀念比利時航空公司成立 50 周年
比利時航空公司的 DC-10 型噴射客機從布魯塞爾國際機場起飛

芬蘭在 1973 年發行，紀念芬蘭航空公司創辦正式航空業務 50 周年
芬蘭航空公司的 DC-10 型噴射客機

聖路西亞在 1980 年發行
加拿大華德國際航空公司的 DC-10 型噴射客機從聖路西亞機場起飛

（郵票實際尺寸：圖片尺寸=1：0.7）

14.第一款巨無霸式噴射客機

美國的波音（BOEING）747型巨無霸（JUMBO）式噴射客機

為應付民航業務快速成長，波音公司開發無霸式噴射客機，1969年2月9日首次試飛成功，1970年1月21日泛美航空公司首次將量產100型飛行紐約至倫敦航線，波音747-100型最大載客數452位、最快時速955公里、可持續飛行9800公里。曾經是世界上最大的載客機。

西班牙在1971年發行，紀念西班牙航空郵務50周年
西班牙的伊比里亞（IBERIA）航空公司的波音747型飛越馬德里上空

葡萄牙在1982年為紀念「葡萄牙‧巴西郵展」而發行
葡萄牙航空公司的波音747-282B型領航者噴射客機

1980年發行的航空郵票，中華航空公司的波音747型噴射客機

（郵票實際尺寸：圖片尺寸=1：0.7）

CHAPTER 3

257

第五、超音速噴射客機時期

15.世界第一款最快速噴射客機

英、法兩國共同開發的協和式（CONCORDE）超音速噴射客機

原型機001及002號在1967年完成，1969年3月2日在法國的土路斯（Toulouse）、4月9日在英國的布里斯托（Bristol）做初次試飛。

法國在1976年發行，紀念1976年1月21日，法國航空公司做協和式的首次商務營運飛行，從巴黎起飛經西非塞內加爾的達卡到南美巴西的里約

塞內加爾在1976年發行　　　　喀麥隆在1976年發行

塞內加爾在1977年加蓋發行　　喀麥隆在1977年加蓋發行

紀念1977年11月22日

法國航空公司的協和式從巴黎到紐約的首次商務營運飛行

最快時速2.2馬赫（音速2.2倍），可持續飛行6380公里，由於發動機出力大，因此耗油量大、產生噪音量也大，營運成本高，不符合「節約能源、低噪音」的環保觀念，在2003年11月26日停飛。

（郵票實際尺寸：圖片尺寸=1：0.7）

我國的郵局多次發行臺灣風景郵票，可以按由中部出發，經北部、東部、南部
再到澎湖的順序，把和各景點相關圖案的郵票編排成一部「遊臺灣看風景」、
「臺灣風景名勝遊」等郵集。●

阿里山、鵝鑾鼻、日月潭

1981年（民國70年）3月1日發行一組臺灣
山水郵票，含三款，以臺灣最著名的觀光
景點為圖案主題。

· 面值2元：位於臺灣中部的阿里山，2001年
交通部觀光局規劃成立阿里山國家風景區。

· 面值7元：位於臺灣最南端的鵝鑾鼻。

· 面值12元：位於臺灣中部的日月潭。

娃娃谷、溪頭、玉山

1983年（民國72年）3月1日發行一組臺灣
山水郵票，含三款，以臺灣聞名的風景區
為圖案主題。

· 面值2元：娃娃谷中內洞溪的上層瀑布，相傳
該谷多有青蛙叫聲，故舊稱娃娃谷，乃「哇
哇」音變而來。位於新北市烏來區信賢里
內，現今被規劃為內洞國家森林遊樂區。

· 面值3元：臺灣大學所屬溪頭實驗林場內的
大學池，位於臺灣中部南投縣鹿谷鄉鳳凰
山麓。

注：因位於北勢溪源頭而被稱為「溪頭」。

· 面值18元：位於臺灣中部的玉山，在1924年測出高度為3,950公尺，近年來在新技術的測量下，重新測得高度為3,952公尺。1895年，清廷因和日本交戰大敗而簽訂馬關條約，將臺灣割讓給日本，來臺灣勘查的日本人測出玉山的高度超越了日本的第一高峰富士山（海拔3,776公尺），因此明治天皇在1897年6月28日下詔將玉山更名為新高山，意指在日本領土新發現的最高峰。第二次世界大戰後，國民政府在1947年12月1日宣佈山名訂為玉山。「玉山」之名早見於清代康熙年間編纂之《台灣府志》中記文：「玉山，在鳳山縣。山甚高，皆雲霧罩於其上，時或天氣光霽，遙望皆白石，因名為玉山。」

陽明山國家公園

1988年（民國77年）9月16日發行陽明山國家公園郵票一組，含四款，以公園內最具代表性之4處風景點為圖案主題。陽明山國家公園位於臺灣最北端的富貴角北海岸和臺北盆地之間，以大屯火山群為中心，面積一萬一千四百餘公頃，為具備完整火山全貌的地區。舉凡山巒瀑布、鐘形火山以及火山活動的遺跡，諸如火口湖、噴氣孔等，皆蔚為奇觀。在此亦可觀察地質、地形、動植物生態及生物演進等，深具科學研究、環境保育、觀賞旅遊等多重價值。

· 面值1.50元的主題「小油坑噴氣孔」：位於七星山西北麓，海拔約805公尺，亦為七星山登山口之一。小油坑為凹口式的火山活動地形，噴氣孔終年有硫氣與蒸氣噴出，溫度頗高。

· 面值3.00元的主題「夢幻湖」：位於台北市北投區的一個天然湖泊，海拔標高870公尺，面積0.3公頃，深度不及1公尺，主要的水源為雨水。因處於七星山山腰下方，受地形阻隔，冬季時在東北季風的吹拂下，經常雲霧裊繞，浪漫神秘，有如幻境而得名。

· 面值**7.50**元的主題「竹子山」：竹子山最高峰海拔**1103**公尺，屬於臺灣北部大屯火山群中的一群，噴發年代距今約**80**萬年前，約在**50**萬年前停止活動至今。竹子山熔岩流分佈區域極廣，是大屯火山群中覆蓋面積最大的火山，涵蓋新北市金山區、石門區和三芝區大部分地區，甚至遠到富貴角及麟山鼻。

· 面值**16.00**元的主題「七星山」：位於台北市北投區，海拔**1,120**公尺，是台北市最高的山岳。七星山約在七十萬年前開始噴發，頂部原有一噴火口（為破火山口地形），但在火山噴發結束後被侵蝕成七個大小不一的山頭，如同北斗七星而得名。

東北角海岸國家風景區

1997年（民國**86**年）**05**月**31**日發行一組東北角海岸國家風景區郵票，含四款，以區內最具代表性之**4**處風景點為圖案主題。

東北角海岸國家風景區位於臺灣東北隅，為狹長形狀，海岸線全長六十多公里，濱臨太平洋，北迎東海。陸地範圍北起新北市瑞芳區南雅里，南至宜蘭縣頭城鎮北港口，西至山脊連接線，東臨海岸礁岩。區內依山傍海，灣岬相間，奇岩嶙峋，有豐富的海蝕地形，細柔的金黃色沙灘，五彩繽紛的海底景觀，是海岸地質、海洋生物研究和觀光旅遊的極佳場所。

· 面值**5**元的主題「南雅山遠眺」：東北角海岸因山脈走向與海岸線幾乎成垂直相交，在東北季風侵襲與海蝕作用影響下，海岸地形極富變化，多海峽、海崖及海灣。由南雅山遠眺，可欣賞到山海交錯，海天一色的美景。

· 面值**5**元的主題「鼻頭海岸」：鼻頭角集東北角海岸地形地質之大成，海崖、海蝕凹壁和海蝕平台發育甚佳，在鼻頭角的海蝕平台更可觀賞到各類型的地形景觀。

CHAPTER 3

- 面值**12元**的主題「南雅岩柱」：為南雅海蝕地形之代表，因岩層的節理或軟硬不同，經過風化作用，岩柱深淺、濃淡不同的表面，更襯托出層次之美。

- 面值**19元**的主題「草嶺古道」：先民開闢淡水到宜蘭之間道路——淡蘭古道的一段，位於今新北市貢寮區遠望坑至宜蘭縣頭城鎮大里之間山區，途經兩市縣分界山嶺——草嶺，俗稱草嶺古道，是淡水至宜蘭古道至今僅存的遺蹟。

太魯閣國家公園

1989年（民國78年）11月28日發行太魯閣國家公園郵票一組，含四款，以公園內最具代表性之四處風景點為圖案主題。太魯閣國家公園位於臺灣東部、中部的花蓮、臺中及南投縣境，東臨太平洋，面積約九萬二千公頃，以中部橫貫公路為景觀主軸。全區以立霧溪切割形成之大理石峽谷地形聞名於世。區內另有陡峻逼海之清水斷崖，圈谷地形之南湖群峰，斷稜地形之奇萊北峰、太魯閣大山稜脊，以及臺灣唯一滑雪場之合歡山。動植物資源豐富，生態體系完整，除了可做為保育研究之場所外，並提供高品質之遊憩環境。

- 面值**2元**的主題「中橫峽谷」：中橫公路，全名東西橫貫公路或中部橫貫公路，簡稱中橫，是台灣第一條連接臺灣東部與臺灣西部的公路系統。

・面值3元的主題「合歡山群峰」：位在花蓮縣與南投縣的交界處。由於周邊係由七座山峰所串連，所以合稱合歡群峰，是台灣主要河流大甲溪、濁水溪和立霧溪的分水嶺。

・面值12元的主題「白楊瀑布」：位於花蓮縣秀林鄉，瀑布分上下兩層，瀑布落差約200公尺，為太魯閣國家風景區內最著名的瀑布景觀。

・面值16元的主題「清水斷崖」：蘇花公路沿線最著名的景點，位於清水山東側，自蘇花公路的和平至崇德之間，綿延21公里。其中清水山東南大斷崖尤其險峻，絕壁臨海面長達5公里，非常壯觀。

東部海岸國家風景區

1995年（民國84年）7月1日發行一組東部海岸國家風景區郵票，含四款，以區內最具代表性之4處風景點為圖案主題。

東部海岸國家風景區縱跨花蓮、臺東兩縣，北起花蓮溪口，南迄臺東小野柳風景區，東至海平面以下20公尺等深線，西以花東海岸公路目視所及之第一條山稜線為界，是臺灣最大的國家風景區，區內依山傍海，灣岬相間，奇岩磷峋，旅遊景點各具特色，不僅有豐富的海蝕地形、細柔的金黃色沙灘及五彩繽紛的海底景觀，並且孕育了各類生物資源，提供更寬廣的休閒空間、舒適宜人的旅遊環境及多樣化海域遊憩活動。

・面值5元的主題「磯崎灣」：位於花蓮，為花東海岸北段第一個海灣，海灣南北均為「都巒山層」形成的山嶺，白浪湧向弧形沙灘，景緻優美。

· 面值5元的主題「石雨傘」：位於成功北邊11公里的海岸，有一座向東北方向伸出海岸達1公里的狹長岩岬，景觀獨特而壯麗。因海岬近岸有一排形狀如傘的海蝕岩石而得名。

· 面值12元的主題「小野柳」：位於卑南溪口北方海岸，距臺東市區約10公里，因區內奇岩怪石密佈，景觀有如北海岸的野柳而得名。

· 面值15元的主題「長虹橋」：位於秀姑巒溪出海口，於民國58年落成，跨距120公尺，為國內跨距最大的懸臂式單拱橋，因遠望有如長虹跨岸而得名。

臺南市的名勝古蹟

1979年（民國68年）2月11日發行以臺南市的名勝古蹟為圖案主題的郵票。

· 面值2元：赤嵌樓

· 面值5元：臺南的孔子廟號稱「全臺首學」

- 面值8元：紀念鄭成功的延平郡王祠
- 面值10元：億載金城。

澎湖國家風景區

為配合政府拓展觀光事業，並推廣國民旅遊活動，在1996年（民國85年）5月1日發行一組澎湖國家風景區郵票，含四款，以區內具有代表性之4處風景點為圖案主題。

- 面值5元的主題「七美大獅」：七美嶼為澎湖群島中最南端的島嶼，島上有一柱狀玄式岩形如蹲伏於海堐的巨獅，景緻變化萬千，蔚為奇觀。

- 面值5元的主題「吉貝沙灘」：吉貝沙灘位於澎湖北海最大的島嶼——吉貝嶼南端，金黃色沙難呈沙嘴地形，綿延海際數千公尺長，藍天碧海與金色海岸相互輝映。

- 面值12元的主題「桶盤嶼」：距馬公市約7公里，因外形酷似桶盤而得名。全嶼均由玄式岩紋理分明的石柱羅列環抱而成，景觀壯麗異常，有「澎湖的黃石公園」之雅號。

- 面值17元的主題「錠鉤嶼」：與雞善嶼均被列為玄武岩自然保留區，島上玄武岩或垂直、或傾斜、或倒臥，十分奇特，各海蝕岩柱間形成「一線天」奇景。

澎湖風景

2010年（民國99年）2月24日發行一組澎湖風景郵票，以具有代表性之四處觀光景點為圖案主題。

· 面值5元的主題「七美小臺灣」：係位於七美嶼東岸的海蝕平台，由於經年累月海浪拍蝕，刻畫出酷似臺灣島嶼形貌而得名。

· 面值5元的主題「小門玄武岩」：小門嶼位於澎湖漁翁島北端，為一玄武岩方山小島，其多樣地形景觀是澎湖諸島的縮影，有「活地形教室」之稱。

· 面值10元的主題「七美雙心石滬」：石滬是澎湖的傳統魚田，為在潮間帶利用玄武岩堆砌而成的捕魚陷阱（順著漲潮漂流至石滬內的魚類、退潮時遂困於其內）。雙心石滬是由兩個滬房組成，心心相印的唯美造型，使它成為一處充滿浪漫和詩意的景點。

· 面值10元的主題「小門鯨魚洞」：鯨魚洞是小門嶼最負盛名的海蝕景觀，該處原為一柱狀玄武岩海崖，受海浪長期侵蝕掏空底部而形成海蝕拱門。

王華南郵世界 02　PE0049

✱ 要有光
FIAT LUX　　**集郵達人來開課**
　　　　　　——帶你從鑑賞郵票品味世界

作　　者	王華南
責任編輯	劉　璞
圖文排版	李孟瑾
封面設計	李孟瑾

出版策劃	要有光
製作發行	秀威資訊科技股份有限公司
	114 台北市內湖區瑞光路76巷65號1樓
	電話：+886-2-2796-3638　傳真：+886-2-2796-1377
	服務信箱：service@showwe.com.tw
	http://www.showwe.com.tw
郵政劃撥	19563868　戶名：秀威資訊科技股份有限公司
展售門市	國家書店【松江門市】
	104 台北市中山區松江路209號1樓
	電話：+886-2-2518-0207　傳真：+886-2-2518-0778
網路訂購	秀威網路書店：http://www.bodbooks.com.tw
	國家網路書店：http://www.govbooks.com.tw
法律顧問	毛國樑　律師
總 經 銷	易可數位行銷股份有限公司
	地址：新北市新店區寶橋路235巷6弄3號5樓
	電話：+886-2-8911-0825　傳真：+886-2-8911-0801
	e-mail：book-info@ecorebooks.com
	易可部落格：http://ecorebooks.pixnet.net/blog

出版日期	2013年10月　BOD一版
定　　價	400元

國家圖書館出版品預行編目

集郵達人來開課：帶你從鑑賞郵票品味世界 / 王華南
著. -- 一版. -- 臺北市：要有光，2013. 10
　　面；　公分. -- （王華南郵世界 ；2）
　 BOD版
　 ISBN 978-986-89516-8-6 （平裝）

1.郵票 2.集郵

557.64　　　　　　　　　　　　102015736

讀者回函卡

感謝您購買本書，為提升服務品質，請填妥以下資料，將讀者回函卡直接寄回或傳真本公司，收到您的寶貴意見後，我們會收藏記錄及檢討，謝謝！如您需要了解本公司最新出版書目、購書優惠或企劃活動，歡迎您上網查詢或下載相關資料：http:// www.showwe.com.tw

您購買的書名：＿＿＿＿＿＿＿＿＿＿＿＿＿＿＿＿＿＿＿＿＿＿＿

出生日期：＿＿＿＿＿＿年＿＿＿＿＿＿月＿＿＿＿＿日

學歷：□高中 (含) 以下　　□大專　　□研究所 (含) 以上

職業：□製造業　□金融業　□資訊業　□軍警　□傳播業　□自由業
　　　□服務業　□公務員　□教職　　□學生　□家管　　□其它＿＿＿＿

購書地點：□網路書店　□實體書店　□書展　□郵購　□贈閱　□其他

您從何得知本書的消息？

　□網路書店　□實體書店　□網路搜尋　□電子報　□書訊　□雜誌
　□傳播媒體　□親友推薦　□網站推薦　□部落格　□其他＿＿＿＿＿＿

您對本書的評價：(請填代號　1.非常滿意　2.滿意　3.尚可　4.再改進)

　封面設計＿＿　版面編排＿＿　內容＿＿　文／譯筆＿＿　價格＿＿

讀完書後您覺得：

　□很有收穫　□有收穫　□收穫不多　□沒收穫

對我們的建議：＿＿＿＿＿＿＿＿＿＿＿＿＿＿＿＿＿＿＿＿＿＿

＿＿＿＿＿＿＿＿＿＿＿＿＿＿＿＿＿＿＿＿＿＿＿＿＿＿＿＿＿＿＿

＿＿＿＿＿＿＿＿＿＿＿＿＿＿＿＿＿＿＿＿＿＿＿＿＿＿＿＿＿＿＿

＿＿＿＿＿＿＿＿＿＿＿＿＿＿＿＿＿＿＿＿＿＿＿＿＿＿＿＿＿＿＿

11466
台北市內湖區瑞光路 76 巷 65 號 1 樓

秀威資訊科技股份有限公司　　　收
　　　　　　BOD 數位出版事業部

....

（請沿線對折寄回，謝謝！）

姓　　名：＿＿＿＿＿＿＿＿＿＿　年齡：＿＿＿＿　性別：□女　□男

郵遞區號：□□□□□

地　　址：＿＿＿＿＿＿＿＿＿＿＿＿＿＿＿＿＿＿＿＿＿＿＿＿＿＿

聯絡電話：(日) ＿＿＿＿＿＿＿＿＿＿　(夜) ＿＿＿＿＿＿＿＿＿＿

E-mail：＿＿＿＿＿＿＿＿＿＿＿＿＿＿＿＿＿＿＿＿＿＿＿＿＿＿